Gerhart Maier

ABITUR
WISSEN

Zeitalter des Imperialismus (1870–1914/18)

Das Deutsche Reich und das System der Weltmächte

Der Weg zum Ersten Weltkrieg

Ernst Klett Verlag
Stuttgart Düsseldorf Leipzig

Abbildungsnachweis

Seite 23 o., 40, 62 o./li., 71, 75, 94 (beide): bpk, Berlin
Seite 23, 58: AKG, Berlin
Seite 23 u., 28, 29, 35, 37, 38, 71: © G. Bosch, Stuttgart
Seite 62 o./re., 88: Langewiesche-Brandt, Ebenhausen
Seite 80, 82, 83: Karl Stehle, München

Der Verlag hat sich nach bestem Wissen und Gewissen bemüht, alle Inhaber von Urheberrechten an Texten und Abbildungen zu diesem Werk ausfindig zu machen. Sollte das in irgendeinem Fall nicht korrekt geschehen sein, bitten wir um Entschuldigung und bieten an, gegebenenfalls in einer nachfolgenden Auflage einen korrigierten Quellennachweis zu bringen.

9 783129 295069

Die Deutsche Bibliothek – CIP-Einheitsaufnahme

Ein Titeldatensatz für diese Publikation ist bei
Der Deutschen Bibliothek erhältlich

Auflage 15. 14. 13 | 2007 2006 2005
Die letzten Zahlen bezeichnen jeweils die Auflage und das Jahr des Druckes.

Internetadresse: http://www.klett.de
Einbandgestaltung: Bayerl & Ost, Frankfurt/M.
Repro: Schwabenrepro, Stuttgart
Druck: Medien Druck Unterland GmbH, Flein
ISBN 3-12-929506-2

Inhalt

Vorbemerkungen

Indem zahlreiche Historiker den Zeitraum von etwa 1870 bis zum Ausbruch des Ersten Weltkrieges als das „Zeitalter des Imperialismus" bezeichnen, weisen sie dem Imperialismus mit Recht eine bestimmende Funktion für diese Epoche zu, obwohl es in diesen knapp fünfzig Jahren eine Vielzahl anderer geschichtlicher Phänomene gibt, welche nur mittelbar mit dem Imperialismus zusammenhängen.

Das Ausgreifen nach Übersee veränderte nicht nur die imperialistischen Staaten selbst, sondern auch die annektierten Gebiete und das Mächtesystem als Ganzes: Das bis dahin europäische Bezugssystem unserer Geschichte wurde von einem weltweiten Bezugssystem abgelöst.

Die Auseinandersetzung mit dem genannten Zeitabschnitt stellt die Lernenden vor eine ganze Reihe von Problemen, weil das Thema ungemein vielschichtig ist: Mehrere Schauplätze, zahlreiche Akteure mit unterschiedlichen Zielsetzungen und Methoden sowie ein rascher Wechsel der Mächtekonstellationen sind die charakteristischen Merkmale des Imperialismus. Zu seinem Verständnis ist außerdem die Kenntnis eines ganzen Geflechtes von Ursachen eine unabdingbare Voraussetzung. Aber auch Fakten, Daten und Ereignisse sollten verfügbar sein; denn nur über die Konkretisierung erschließen sich die Wesenszüge dieser Zeit. Andererseits hat die Fachwissenschaft neben der eingehenden Beschreibung der einzelnen Erscheinungsformen mehrere Theorien über den Imperialismus bereitgestellt, die noch immer einer lebhaften Diskussion unterworfen, abgewandelt, miteinander verknüpft und neu gefasst werden. Die Beschäftigung mit diesen Theorien ist ein unverzichtbarer Bestandteil der Beschäftigung mit dem Imperialismus.

Die vorliegende Darstellung will den Lernprozess mittels einer durchgreifenden Strukturierung des komplexen Themas unterstützen; sie kann und will jedoch das Lehrbuch nicht ersetzen.

Die folgenden fünf Gliederungsprinzipien strukturieren den umfangreichen Stoff:

1. Konzentrierte Übersichten, die eine rasche Information und ein „Lernen im Überblick" ermöglichen, stehen neben der ausführlichen Erörterung besonders wichtiger Ereignisse und Sachverhalte.
2. Das vielschichtige Thema wird dadurch „vereinfacht", dass eine Feingliederung die Ereignisse nebeneinander stellt und so die Beschäftigung mit einzelnen Aspekten – also ein „Lernen in Etappen" – zulässt. Durch Querverweise in der Randspalte werden die Verbindungen wieder hergestellt.
3. Indem Quellen gekürzt, Zahlen gerundet und Karten vereinfacht werden, entsteht eine Zusammenfassung der Geschichte des Imperialismus, die den erforderlichen „Merkstoff" unmittelbar darbietet.
4. Innerhalb der Kapitel und der Unterabschnitte wird eine additive Darstellung angeboten, die das Lernen und die Überprüfung des Gelernten nach einzelnen Gesichtspunkten ermöglicht.
5. Am Ende jedes Kapitels findet man Hinweise zur Lernkontrolle und zur Vertiefung in Form von Aufgaben und Problemfragen.

Diese Form der Darstellung kommt ohne Wiederholungen und Überschneidungen nicht aus; deren Vorteile sind jedoch evident: Sie veranlassen zur Wiederaufnahme von Informationen unter anderen Aspekten, zur Verknüpfung dieser Informationen und zur immanenten Wiederholung. Der gewählte Aufbau des Buches lässt es aber auch zu, dass – je nach Interesse der Benützer – die Reihenfolge der Kapitel umgestellt oder einzelne Abschnitte ganz übersprungen werden.

Weil das vorliegende Buch vorrangig die Funktion hat, den Merkstoff rasch und handlich zu vermitteln, erhebt es weder den Anspruch auf Vollständigkeit noch auf die wissenschaftliche Erörterung der Informationen; diesem Mangel kann dadurch abgeholfen werden, dass man von Fall zu Fall die beiden Publikationen heranzieht, auf welche jeweils in der Randspalte verwiesen wird:

– Peter Alter u. a. (Hrsg.): Grundriss der Geschichte, Band 2: Neuzeit seit 1789, Stuttgart 1984 (Neuauflage 1992)
– Gregor Schöllgen: Das Zeitalter des Imperialismus, München 1986 (Neuauflage: 1994)

Textverweise beziehen sich in beiden Fällen auf die ältere Ausgabe.

Das Buch von Gregor Schöllgen bietet neben einer problemorientierten Darstellung eine interessante Einführung in den neuesten Stand der Imperialismusforschung – es erscheint deshalb besonders geeignet zur Vertiefung und Ergänzung der im vorliegenden Heft zusammengestellten Informationen.

Angesichts der Dichte der außenpolitischen Ereignisse und Probleme im Zeitalter des Imperialismus musste auf eine Beschreibung der deutschen Innenpolitik von der Reichsgründung bis zum Ende des Ersten Weltkriegs verzichtet werden; für die innere Entwicklung des Deutschen Reiches kann man einen weiteren Band der Reihe „Abiturwissen“ heranziehen:

– Georg Bemmerlein: Deutschland im 19. Jahrhundert. Nationalismus, Liberalismus, Industrialisierung und Soziale Frage, Stuttgart [12]2000

Imperialismus: Begriffsbestimmung und Voraussetzungen

1

1 Definition

1.1 Allgemein

1 Imperialismus nennt man die Errichtung eines Herrschaftsverhältnisses durch einen Staat über ein anderes Land bzw. über andere Länder mit dem Ziel einer möglichst weitgehenden politischen und kulturellen Einflussnahme sowie der wirtschaftlichen Ausbeutung.

2 Diese Annexion kann gewaltsam oder friedlich durchgesetzt werden.

3 Die Beherrschung der abhängig gewordenen Gebiete kann direkt (z. B. Besetzung, Einrichtung einer Kolonie) oder indirekt (z. B. Stellvertreterregierungen, Verpflichtung zur politischen und wirtschaftlichen Gefolgschaft) erfolgen.

4 Das Ziel und das Ergebnis des Imperialismus ist in der Regel die Schaffung eines vom imperialistischen Mutterland aus beherrschten großen Reiches (Empire).

5 „Auf Grund des empirisch-theoretischen Doppelcharakters des Begriffs Imperialismus und seiner oft polemischen Verwendung besteht über die Begriffselemente und Kriterien, den historischen Standort und die politische Abgrenzung bis heute kein wissenschaftlicher Konsens, vielmehr muss dieser jeweils in einer Art Vorverständigung über äußere Merkmale hergestellt werden. Während von Neomarxisten die Außenpolitik der nichtsozialistischen Industriestaaten in direkte Kontinuität mit dem Imperialismus gestellt wird, zeichnet sich bei nicht-marxistischen Historikern und Sozialwissenschaftlern die Tendenz ab, den Imperialismus als universalhistorisches Phänomen zu erfassen und durch Definition und historische Ortsbestimmung zum Werkzeug wissenschaftlicher Analyse komplexer gesellschaftlicher Prozesse zu machen."
(Meyers Taschenlexikon Geschichte, Bd. 3, Mannheim 1982, S. 106 f.)

1.2 Historische Eingrenzung

1 Als Epochenbezeichnung wird der Begriff Imperialismus auf die Zeit von 1870 bis 1914 (nach anderen Auffassungen bis 1918 oder gar bis 1945) angewandt. Damit ist der Zeitraum angesprochen, in welchem die europäischen Industriestaaten sowie USA und Japan sich nahezu über die ganzen bis dahin unverteilten Gebiete der Erde ausbreiteten, um sich Absatz- und Kapitalmärkte und den ungehinderten Zugang zu den Rohstoffquellen zu sichern.

2 Im Zeitalter des Imperialismus wurde die Politik der Großmächte, welche die Geschichte in den Jahrhunderten zuvor bestimmt hatte, durch das Verlangen nach globalem Prestige – nach Weltmacht – abgelöst.

3 Ein wesentliches Merkmal dieses modernen Imperialismus liegt in der technischen Überlegenheit der Industrienationen gegenüber den kolonisierten Gebieten.

4 Dieser Imperialismus, der sich zum größten Teil – aber nicht ausschließlich – auf überseeische Gebiete erstreckte, hing eng zusammen mit der Bildung und Erstarkung von miteinander konkurrierenden Nationalstaaten, der beschleunigten Industrialisierung, der Konzentration und der Steigerung der Produktion sowie der Erfindung leistungsfähiger Verkehrs- und Kommunikationsmittel.

5 Er war daneben eine Folge der Ablösung des Freihandelsprinzips durch den Protektionismus und durch das Verlangen nach möglichst weitgehender Autarkie der imperialistischen Mächte.

6 Es ist heute unbestritten, dass imperialistische Politik auch die Funktion übernommen hatte, die inneren Probleme der Industriestaaten aufzufangen und zu kanalisieren; dazu gehörten:

- die notwendige gesellschaftliche Integration des Mittelstandes und der Arbeiterklasse,
- die immer stärker werdende Forderung nach politischer Partizipation,
- die Stabilisierung überkommener Machtstrukturen,
- nationalistische Begeisterung und Übersteigerung,
- der Prozess des Übergangs von der Agrargesellschaft zur Industriegesellschaft.

7 Der Übergang von der „klassischen Kolonialpolitik" des frühen 19. Jahrhunderts zum „Wettlauf" um die Aufteilung der Welt führte zu mannigfachen Spannungen, Rivalitäten und Konflikten zwischen den Industriestaaten und war eine der Ursachen für den Ausbruch des Ersten Weltkrieges.

8 Die Unterwerfung anderer Völker in diesem Zeitabschnitt wurde mit der kulturellen, politischen und wirtschaftlichen Überlegenheit – aber auch mit rassistischen Vorurteilen – gerechtfertigt und häufig mit dem Vorwand, zivilisatorisch, friedensstiftend oder missionarisch wirken zu wollen, verschleiert. Die tatsächliche Konsequenz für die Kolonien waren häufig die Auflösung gewachsener Gesellschaftsstrukturen und Traditionen – an deren Stelle trat die Verwestlichung von Technik, Bildung und Lebensgewohnheiten –, die Umgestaltung der bisherigen Wirtschaftsreform zu Monokulturen sowie die fortschreitende Abhängigkeit von den Industriestaaten.

9 Diese Form des Imperialismus zeigte einerseits hinsichtlich der Ursachen, Antriebe und Methoden, welche die imperialistischen Staaten anwandten, gemeinsame Züge, andererseits lassen sich von Staat zu Staat aufgrund der unterschiedlichen politischen und wirtschaftlichen Ausgangsbedingungen sowie aufgrund der konkreten historischen Situation und der geografischen Gegebenheiten charakteristische Besonderheiten feststellen.

10 Auf dem Höhepunkt dieser Epoche war die völlige Hegemonie der Industriestaaten über die übrigen Teile der Erde erreicht. Das Ende des Zeitalters des Imperialismus bedeutete auch das Ende der weltweiten Vorrangstellung Europas.

2 Voraussetzungen

Zur Erklärung des Imperialismus genügt es nicht, nur eine oder wenige Ursachen anzuführen. Dem Imperialismus liegt vielmehr ein ganzes Bündel von Voraussetzungen und Bedingungen zugrunde, die erst in ihrem Zusammenwirken zum Durchbruch einer auf – nahezu – unbeschränkte Annexion fremder Gebiete gerichteten Politik geführt haben (multikausaler Erklärungsansatz). In der Fachwissenschaft werden diese Faktoren freilich je nach der Einstellung des jeweiligen Forschers unterschiedlich gewichtet (Aspektgebundenheit).

s. Alter, S. 178–180

s. Alter, S. 128–132;
s. Schöllgen, S. 12–15

„Handelsbeziehungen mit Kolonien sind viel sicherer als solche mit ausländischen Nationen.“
(Paul Leroy-Beaulieu [1874], zit. nach: Grütter, W., S. 37)

Aktivkapital der Deutschen Bank (in Mio. Mark):

1870	15
1890	75
1910	200

Englische Kapitalinvestitionen in Übersee (in Mio. Pfund; Zahlen gerundet):

1870	800
1890	2000
1910	3500

(nach: Mommsen, W. J.: Der europäische Imperialismus, S. 24)

„Es ist bezeichnend für das wirtschaftliche Zielbewusstsein..., dass vor allem in Produzenten-, Investoren- und Kaufmannskreisen bis gegen Ende des Jahrhunderts das Gefühl vorherrschte, in einer ‚Flaute‘..., in einer Großen Depression zu leben.“
(Rosenberg, A., Die Weimarer Republik. Frankfurt/M. 1968, S. 50 f.)

s. Schöllgen, S. 8 f.
vgl. 7.1

2.1 Industrialisierungsprozess und imperialistische Politik

1 Die enormen Zuwachsraten der industriellen Produktion in den führenden Industriestaaten (Großbritannien, Frankreich, USA, Deutsches Reich und Japan) veranlassten Unternehmer und Politiker dazu, nach neuen und sichereren Absatzmärkten Ausschau zu halten, zumal durch Schutzzölle und andere protektionistische Maßnahmen das bisherige Freihandelssystem empfindlich gestört wurde.

2 Gleichzeitig wurde die Forderung laut, den Import von Rohstoffen für die aufstrebende Industrie auf lange Sicht zu stabilisieren.

3 Der Konzentrationsprozess auf dem Bankensektor und die Akkumulation von verfügbarem Kapital drängten nach Anlage- und Verwertungsmöglichkeiten jenseits der eigenen Grenzen.

4 Zusätzliche Gewinnerwartungen wurden in den Schiffsbau und die Bereitstellung von Kriegsgerät gesetzt.

5 Hinzu trat in den Jahren 1883 bis 1886 eine Wirtschaftsrezession in den europäischen Staaten, die auch in den folgenden Jahren des Aufschwungs zu einer pessimistischen Einschätzung der Absatzmöglichkeiten im eigenen Land führte.

6 Eine imperialistische Politik bot scheinbar die besten Möglichkeiten, durch den Erwerb bisher unverteilter Territorien und durch deren möglichst ausschließliche wirtschaftliche Beherrschung die anstehenden Probleme zu bewältigen.

Für die Realisierung dieser Politik war es von sekundärer Bedeutung, ob es sich um einen vermeintlichen oder einen tatsächlichen Bedarf handelte und ob die Ergiebigkeit der gewonnenen Gebiete die aufgewandten Kosten ausgleichen konnte. Heute wissen wir, dass in den meisten Fällen die Investitionen für den Erwerb, die Umstrukturierung und die Behauptung der im Zeitalter des Imperialismus zusätzlich annektierten Gebiete deren Nutzen für die Industriestaaten bei weitem übertroffen haben.

Verdreifachung des Nettosozialproduktes in Deutschland zwischen 1800 und 1914 pro Kopf der Bevölkerung (Preise von 1913; Zahlen gerundet):

1800	250
1850	270
(1871: Reichseinigung)	
1875	480
1900	600
1914	730

(Nach: Henning, Friedrich-Wilhelm: Die Industrialisierung Deutschlands 1800–1914, Paderborn 1973)

Verdoppelung des englischen Außenhandels zwischen 1885 und 1910 (in Mio. Mark; Zahlen gerundet):

	Wert der Einfuhren	Wert der Ausfuhren
1885	8000	6000
1890	8600	7000
1895	9000	6000
1900	11000	7000
1905	12000	8000
1910	14000	11000

(Nach: Köllmann, Wolfgang: Die Industrielle Revolution, Stuttgart o. J., S. 9)

Verzwanzigfachung des Verbrauchs an Rohbaumwolle in Deutschland zwischen 1846 und 1900 (Jahresdurchschnitt in 1000t; Zahlen gerundet):

1846–1850	15
1856–1860	45
1866–1870	70
(1871: Reichseinigung)	
1876–1880	125
1886–1890	200
1896–1900	300

(Nach: Köllmann, W., S. 9)

Verzehnfachung der Eisenproduktion zwischen 1870 und 1910 (in 1000t; Zahlen gerundet):

	Deutsches Reich	Russland
1870	1300	360
1880	2470	450
1890	4100	930
1900	7500	2900
1910	13100	3000

(Nach: Görtemaker, M., S. 302)

2.2 Der Beitrag neuer Technologien

1 Die in der Regel großen Entfernungen zwischen den Mutterländern und den Kolonien machten die Bereitstellung fortschrittlicher Kommunikationsmittel für den Transport von Waren und Kriegsgerät sowie für den Informationsaustausch notwendig (Ausbau der Eisenbahnsysteme, Dampfschiff, Kanäle, Telegrafie, Telefon, Unterseekabel).

Welteisenbahnnetz (in 1000 km):

1860	*110*
1880	*375*
1900	*990*

Eröffnung des Suezkanals 1869
Eröffnung des Panamakanals 1914

2 Der technologischen Überlegenheit der imperialistischen Staaten konnten die annektierten Gebiete, auch wenn sie bereits auf einer hohen Kulturstufe standen, nichts Gleichwertiges entgegenstellen. Ihr Widerstand gegen die Annexionsbestrebungen war deshalb meistens gering oder wurde mit den technischen Mitteln der Industriestaaten verhältnismäßig leicht gebrochen.

vgl. 3.6

2.3 Soziale Spannungen in den imperialistischen Staaten

1 In zahlreichen Industriestaaten führten die bestehenden Klassengegensätze zu einem erheblichen Konfliktpotenzial, durch welches sich die politischen und wirtschaft-

s. Alter, S. 133–140;
s. Schöllgen, S. 15–20

lichen Herrschaftseliten bedroht fühlten. Die Forderungen des ständig anwachsenden Industrieproletariats und der Landarbeiterschaft nach wirtschaftlicher Besserstellung und politischen Mitwirkungsrechten stellten die überkommene gesellschaftliche Ordnung infrage. Diese Forderungen fanden in inneren Unruhen und im Erstarken der Arbeiterorganisationen ihren Niederschlag.

Bevölkerungswachstum in Europa:
1800 187 Millionen
1850 274 Millionen
1900 423 Millionen

2 Das signifikante Bevölkerungswachstum verstärkte diesen Druck und legte eine Ableitung nach außen nahe: Der Erwerb von neuem Lebensraum und die Verbesserung der Ernährungsgrundlage für mehr Menschen erschienen als das Gebot der Stunde.

s. Alter, S. 184;
s. Schöllgen, S. 128–131
vgl. 6.6

3 Gleichzeitig vermochte der Imperialismus zur Integration des anwachsenden Mittelstandes in die bestehende Gesellschaftsordnung beizutragen, indem „der Ruf nach Machtsteigerung der eigenen Nation in Übersee… die loyale Einfügung der neuen Mittelschichten in ein weitgehend noch von traditionellen Führungseliten gelenktes politisches System ermöglichen sollte…
(Es) handelte sich gleichsam um eine Politik der Ableitung der politischen Energie der Mittelschichten an die koloniale Peripherie, was durch die damals verbreitete Ansicht erleichtert wurde, dass koloniale Expansion vor allem im Interesse des gewerblichen und industriellen Mittelstandes… liege“ (Mommsen, W. J.: Der moderne Imperialismus, S. 20 f.).

„Der Sozialimperialismus war die moderne, in entscheidendem Maße sozialökonomisch motivierte Form einer alten… Herrschaftstechnik: um der Bewahrung des sozialen und politischen Status quo willen die inneren Bewegungskräfte und Spannungen nach außen abzulenken.“ (Wehler, H.-U.: Bismarck, S. 115)

4 Imperialistische Politik hatte also auch die Funktion einer Verdrängung der Klassengegensätze in den Industriestaaten selbst und der Integration benachteiligter Bevölkerungsgruppen – aus der Einsicht heraus, dass nur durch gemeinsame Anstrengungen und Hintanstellung innerer Gegensätze die überseeische Ausbreitung erfolgreich sein könne.

2.4 Das Auftreten neuer Großmächte

„Der Ärger begann mit dem Auftreten neuer Mächte, die kein Weltreich hatten, nämlich Deutschland und Japan.“
(Lichtheim, G., S. 75)

1 In der zweiten Hälfte des 19. Jahrhunderts machten vier neue Großmächte ihren Anspruch auf eine gleichrangige Stellung im „Konzert“ der bisherigen Großmächte geltend: die USA, Japan, das Deutsche Reich und Italien.

s. Schöllgen, S. 51;
s. Alter, S. 188–190
vgl. 2.2.4

2 Die USA hatten ihre landwirtschaftliche und industrielle Produktion in einem solchen Ausmaß gesteigert, dass die Absatzmärkte im eigenen Land die Zuwächse nicht mehr aufnehmen konnten. Nachdem die Westausdehnung den Pazifik erreicht hatte, wurden die Forderungen nach „neuen Grenzen“ erhoben: als Expansionsziele boten sich nun Mittel- und Südamerika sowie der pazifische Raum an.

3 Japan hatte seine Märkte unter dem Druck US-amerikanischer Handelsinteressen geöffnet und entwickelte sich seit 1860 innerhalb kurzer Zeit zu einer modernen Großmacht.

s. Schöllgen, S. 49 und S. 64 f.;
s. Alter, S. 190–192
vgl. 2.5

Rohstoffarmut und ein hohes Bevölkerungswachstum zwangen zum Export von Fertigwaren und zur Einfuhr von Rohstoffen und Lebensmitteln.

4 Mit der Gründung des Deutschen Reiches (1866/1871) war in der Mitte Europas eine neue Großmacht entstanden, die angesichts ihrer geopolitischen Lage und des immer wieder aufflackernden französischen Revanchegedankens ein starkes Sicherheitsbedürfnis entfaltete.

s. Schöllgen, S. 14 und S. 44;
s. Alter, S. 183 f.
vgl. 4.4 und 4.5

Zunahme der deutschen Stahlproduktion (in 1000 t)
1886 950
1910 13 700
(nach: Helbig, L., S. 14)

Das Deutsche Reich erstrebte im Zeichen des „Neuen Kurses“ Kaiser Wilhelms II. einen „Platz an der Sonne“, worunter man den Erwerb überseeischer Kolonien, den Besitz einer bedeutenden Kriegsflotte und ein gewichtiges Mitspracherecht in internationalen Fragen verstand.

5 Italiens nationalstaatliche Einigung (1860–1870) hatte aus dem „geografischen Gebilde“, wie man es bis dahin bezeichnet hatte, einen Staat werden lassen, der, mit einem starken Prestigebedürfnis ausgestattet, die neu gewonnene Machtstellung zu behaupten und auszuweiten suchte.

s. Schöllgen, S. 45 und S. 132

6 Das Auftreten neuer – wirtschaftlich und militärisch einflussreicher – Konkurrenten bei der Aufteilung bisher unabhängiger Gebiete in Übersee bedeutete für die traditionellen Kolonialmächte (England, Frankreich und Spanien) eine unerwartete Herausforderung. Das Freihandelsprinzip wurde nun zusehends durch das Streben nach Autarkie und unmittelbarer Beherrschung eines großen Kolonialbesitzes abgelöst, weil nur so die eigene Machtstellung gesichert erschien. Sowohl bei den traditionellen Kolonialmächten wie auch bei den neu hinzugetretenen Großmächten verband sich der Glaube an die Vorzüge eines großen Kolonialreiches mit einem übersteigerten nationalen Denken. Der Erwerb überseeischer Gebiete wurde so zu einer Angelegenheit des nationalen Prestiges: Der Anspruch, Weltmacht zu sein, verlangte nach einem augenfälligen Beweis, und diesen konnte im Zeitalter des Imperialismus nur die Errichtung eines möglichst großen und weit gefächerten Kolonialreiches erbringen.

Europäischer Kolonialbesitz in Afrika:
1870 10 %
1900 über 90 %
(Nur zwei Staaten waren unabhängig geblieben: Liberia und Äthiopien.)

s. Schöllgen, S. 36

„Im Jahr 1870 war die Qualität einer Großmacht, lediglich abgesehen von Großbritannien, noch nicht abhängig von einem außereuropäischen Kolonialbesitz; dreißig Jahre später erforderte es das Prestige einer Großmacht, dass sie in der ganzen Welt politisch, militärisch, ökonomisch und mit territorialem Besitz anwesend war.“
(Schieder, Th.: Staatensystem, S. 220)

2.5 Die Krise des europäischen Mächtesystems

In Europa bestanden im letzten Viertel des 19. Jahrhunderts zwei Krisenherde, die eine ständige Kriegsgefahr darstellten – nämlich der österreich-russische Gegensatz auf dem Balkan und die deutsch-französischen Spannungen.

vgl. 2.2.3 und 3.1

1 Der russische Drang nach einem Zugang zum Mittelmeer, der ideologisch durch den Panslawismus (Befreiung der Slawen vom „türkischen Joch" und ihr Zusammenschluss in einem großen Reich) gestützt wurde, traf auf den Widerstand der österreichischen Interessen auf dem Balkan und auf die englische Mittelmeerpolitik, die darauf abzielte, die russische Kriegsflotte vom Mittelmeer fernzuhalten.

vgl. 4.2.1

2 Die Gründung des Deutschen Reiches am 18. Januar 1871 während des deutsch-französischen Krieges, die französische Niederlage in diesem Krieg und die erzwungene Abtretung von Elsass-Lothringen an das neu entstandene Deutsche Reich führten zu einem fast unüberbrückbaren Gegensatz zwischen den beiden Nachbarstaaten.

vgl. 3.2

3 Während seiner Reichskanzlerschaft (1871–1890) versuchte Bismarck, aus den kolonialen Spannungen der europäischen Mächte dadurch politische Vorteile für das Reich zu ziehen, dass eine antideutsche Koalition verhindert wurde und stattdessen Deutschland eine gewisse Schiedsrichter- und friedenserhaltende Funktion zukam. Diese Politik führte folgerichtig zu einer verstärkten Hinwendung der europäischen Großmächte zur kolonialen Expansion.

vgl. 4.2.4 und 4.2.5

4 Als jedoch deutsche Wirtschafts- und Militärkreise das Erstarken der übrigen europäischen Großmächte mit Unbehagen registrierten und nun auch für Deutschland den Ausbau der Weltmachtstellung forderten, geriet auch die deutsche Politik in den Strudel imperialistischer Konflikte.

3 Ideologische Rechtfertigungsversuche

s. Schöllgen, S. 105 f.

Ideologische Aussagen über die Notwendigkeit imperialistischer Politik dienten nicht nur dazu, das Vorgehen der politischen Akteure gegenüber anderen Ländern zu rechtfertigen; sie hatten vielmehr vor allem die Aufgabe, die Bevölkerungen der eigenen Länder zu aktivieren und sie so für die neuen Zielsetzungen aufgeschlossen zu machen. Solche Aussagen lassen deshalb – freilich oft in bewusster

Verschlüsselung – Rückschlüsse auf die Triebkräfte des Imperialismus und seine gesellschaftlichen Hintergründe zu.

Da der im vorliegenden Band zur Verfügung stehende Raum die Aufnahme ausführlicher Quellenauszüge nicht zulässt, sondern zur Beschränkung auf wenige beispielhafte Zitate zwingt, andererseits jedoch gerade bei der ideologischen Grundlegung des Imperialismus das Studium von entsprechenden Äußerungen zwingend notwendig ist, werden auf den folgenden Seiten in der Randspalte Hinweise auf Quellenpublikationen gegeben, die eigens für Unterrichtszwecke erstellt worden sind (vgl. Literaturverzeichnis: Quellensammlungen). Es wird empfohlen, die eine oder andere Aussage dort zu analysieren.

„Mit vagen, die harte Realität verhüllenden und beschönigenden Begriffen soll die wahre Natur des Imperialismus verschleiert werden." (Schröder, Hans-Christoph, in: Wehler, H.-U.: Imperialismus, S. 114)

3.1 Wirtschaftliche Beweggründe als Rechtfertigung des Imperialismus

1 Von besonderer Wirksamkeit in der ideologischen Grundlegung des Imperialismus war offensichtlich die Argumentation, welche die wirtschaftlichen Vorteile überseeischer Besitzungen in rosigen Farben beschrieb: „Immer wieder findet sich in der politischen Agitation der Zeit das Argument, dass der eigenen nationalen Wirtschaft und dem eigenen nationalen Kapital in überseeischen Gebieten neue Märkte und neue profitable Investitionsfelder erschlossen werden müssten, sollte erstere nicht zunehmender Stagnation anheim fallen." (Mommsen, W. J.: Das Zeitalter des Imperialismus, S. 17)

s. Meyer, S. 181 f. (Roosevelt – USA)
s. Zimmermann, S. 11 f. (Chamberlain – E)
s. Bahr, S. 195 (Rohrbach – D)
s. Grütter, S. 34–36 (Ferry und Clemenceau – F), S. 46 f. (Blaine – USA) u. S. 49–52 (Fabri – D)
s. Brückmann, S. 60 f. (Disraeli – E) u. S. 72 f. (Peters – D)

2 Dies liegt angesichts der ökonomischen Probleme, mit welchen sich die Industriestaaten konfrontiert sahen, nahe.

Immer wiederkehrende Stichworte waren:
- Die Herausforderung durch die Konkurrenz anderer Industriestaaten,
- die Möglichkeit, in Kolonien die Überschussproduktion abzusetzen,
- die Behauptung, dass die Errichtung von Handelshemmnissen durch nicht industrialisierte Länder deren Bestrafung rechtfertige.

3 Die Propagandisten des Imperialismus verdrängten freilich den Widerspruch zwischen den Hoffnungen, welche im Hinblick auf ein großes Kolonialreich und dessen Beitrag zum Wohlstand des Mutterlandes erweckt wurden, und den enormen Aufwendungen für die Kolonialpolitik.

3.2 Politisch-konstitutionelle Beweggründe

s. Zimmermann, S. 26 (Ferry – F)

1 Während englische (und auch deutsche) Vertreter einer imperialistischen Politik vor allem die Vorzüge einer vom Mutterland auf die Kolonien übertragenen vorbildlichen Verwaltung priesen, vertraten US-amerikanische Politiker die These, dass es die Aufgabe ihres Staates sei, die Errungenschaften der Demokratie in andere Länder zu exportieren.

2 Von vornherein wurde dabei die Überlegenheit der eigenen verfassungsrechtlichen Tradition gegenüber den politischen Strukturen der Länder unterstellt, deren Annexion man betrieb.

3.3 Kulturell-zivilisatorische und religiöse Beweggründe

s. Grütter, S. 42–44 (Danilewski – R) u. S. 25 (Hanotaux – F)
s. Meyer, S. 102 f. (Danilewski u. Dostojewski – R)

Neben dem politischen Sendungsbewusstsein maßen die Ideologen des Imperialismus der kulturellen und christlichen Missionierung überseeischer Gebiete eine große Bedeutung bei. „Die pseudohumanitäre Lehre... von der Verpflichtung der weißen Nationen, den unterentwickelten Völkern des Erdballs die Segnungen der europäischen Zivilisation zu bringen, empfanden die Zeitgenossen durchaus nicht nur als hohle Ideologie... Auch religiöses Sendungsbewusstsein gehörte zu den Elementen dieser neuen imperialistischen Ideologie. Die missionarische Aufgabe, den Völkern Afrikas und Asiens das Christentum zu bringen, wurde nur zu oft als Legitimation imperialistischer Landnahme in überseeischen Territorien angeführt." (Mommsen, W. J.: Zeitalter des Imperialismus, S. 16 f.)

Beispiele:

- „Wenn es einen Gott gibt, denke ich, er möchte von mir, dass ich so viel von der Karte von Afrika britisch rot mache als möglich."
  (Cecil Rhodes, späterer Premierminister der britischen Kapkolonie, 1877)
- „Bei der Ausdehnung Frankreichs handelt es sich nicht um Eroberungs- oder Machtpolitik, sondern darum,... in Landstrichen, die gestern barbarisch waren, die Prinzipien einer Zivilisation zu verbreiten, deren sich zu rühmen eine der ältesten Nationen des Globus wohl das Recht besitzt."
  (Gabriel Hanotaux, französischer Außenminister; zit. nach: Zimmermann, L., S. 25)

3.4 Nationale und nationalistische Beweggründe

1 In allen Staaten, welche sich an der Aufteilung der Erde beteiligten, wurde die nationale Begeisterung geweckt; offensichtlich fanden gerade solche Argumente angesichts der nationalen Rivalitäten des ausgehenden 19. Jahrhunderts einen besonders günstigen Nährboden in den Bevölkerungen der imperialistischen Staaten.

2 Nachdrücklich wurde einerseits die Pflicht, durch Kolonialerwerb die eigene Nation zu sichern und zu stärken, und andererseits die Aufgabe, die gewonnene nationale Großmachtstellung an möglichst vielen Stellen auf der Erde zum Einsatz zu bringen, betont.

s. Ripper, S. 27 (Alldeutscher Verband – D)
s. Meyer, S. 111 (Ruskin – E)
s. Zimmermann, S. 15 f. (Fadejew – R)
s. Helbig, S. 43 f. (Treitschke – D)
s. Stürmer, S. 53 (Bülow – D)

„Keine empirische Analyse des modernen Imperialismus (kann) am Faktor des Nationalismus vorbeigehen.“ (Mommsen, W. J.: Imperialismustheorien, S. 58)

Beispiele:

- „Ich kenne nichts Tröstlicheres…, als festzustellen, dass es französisches Blut ist, welches ungeheure Räume, die bis dahin unbebaut und unfruchtbar waren, belebt.“
  (der französische Kolonialpolitiker Lyautey, 1913; zit. nach: Zimmermann, L., S. 32)
- „Deutschland muss große außereuropäische Gebiete schaffen, in denen die deutsche Nationalität, die deutsche Sprache und das deutsche Geistesleben die Möglichkeit weiterer Entfaltung haben.“
  (Hans Delbrück, deutscher Historiker, 1899; zit. nach: Zimmermann, L., S. 37)
- „Mitamerikaner! Wir sind Gottes auserwähltes Volk… Es liegt an uns, der Welt ein Beispiel an Recht und Ehre zu geben… Wir können uns nicht von irgendeinem Stück Land zurückziehen, wo die Vorsehung unser Banner entfaltet hat. An uns ist es, jenes Stück Land für die Freiheit und die Zivilisation zu retten.“
  (Albert J. Beveridge, US-amerikanischer Senator, 1898, zit. nach: Christmann, H., S. 103)

3.5 Sozialdarwinismus

1 Wenn man von Japan absieht, war der Imperialismus eine Sache der Europäer und der USA. Diese Tatsache legte den Schluss nahe, dass gerade die „weiße Rasse“ dazu ausersehen sei, über andere Rassen zu herrschen, deren Minderwertigkeit sich schon daraus ergab, dass sie dem expansiven Ansturm der „Weißen“ nicht gewachsen waren.

2 Der Kampf ums Dasein, den der Engländer Charles Darwin anhand von Beobachtungen der Tier- und Pflanzenwelt beschrieben hatte, wurde nun auf menschliche Gesellschaften übertragen, um die Unterdrückung und Ausbeutung anderer Rassen zu legitimieren.

s. Meyer, S. 110 (Dilke – E)
s. Brückmann, S. 62 (Rhodes – E)
s. Grütter, S. 25 f. (Rhodes – E)
s. Zimmermann, S. 16 f. (Danilewski – R)

Beispiel:

„Die Kolonialpolitik ist nichts anderes als die Kraftsteigerung und Lebensbereicherung der stärkeren, besseren Rasse, auf Kosten der schwächeren, geringeren … (Der Zweck) ist und bleibt … die rücksichtslose und entschlossene Bereicherung des eigenen Volkes auf anderer schwächerer Völker Unkosten."
(Carl Peters, deutscher Kolonialpolitiker, 1866; zit. nach Helbig, L., S. 77; vgl. S. 58)

Felix Dahn: Lied der Deutschen jenseits der Meere (1886)

„Noch war die Welt nicht ganz verteilt!
Noch manche Flur auf Erden
Harrt gleich der Braut: die Hochzeit eilt!
Des Starken will sie werden.
Noch manches Eiland lockt und lauscht
Aus Palmen und Bananen:
Der Seewind braust, die Woge rauscht,
Auf! freudige Germanen!
…
Zur Friedensarbeit zieh'n wir aus,
Zu bauen, nicht zu fechten,
Doch blitzend schützt uns Schiff und Haus
Das Schwert in unsrer Rechten!
Und daß wir in der neuen Welt
Dem alten Reich nur leben,
Deß soll, unscheidbar uns gesellt,
Ein Banner Zeugnis geben.
Pflanzt auf dies rauschende Panier
In jedes Neulands Brache,
Wohin wir wandern, tragen wir
Mit uns die deutsche Sprache."

(nach: Helbig, L., S. 78 f.)

Anregungen zur Wiederholung und Vertiefung

a) Nennen Sie die Voraussetzungen und die Ursachen für den Imperialismus.
b) Belegen Sie die einzelnen Aspekte mit geeigneten Beispielen.
c) Beurteilen Sie den Anteil der einzelnen Aspekte bei der Realisierung imperialistischer Politik.
d) Erörtern Sie, weshalb Gegenkräfte zum Imperialismus keine Chance hatten, sich durchzusetzen.
e) Zeigen Sie die Unterschiede zwischen der Kolonialpolitik des frühen und dem Imperialismus im späten 19. Jahrhundert.
f) Nehmen Sie Stellung zu der These, dass ohne die Mobilisierung nationaler Leidenschaften die imperialistische Politik nicht möglich gewesen wäre.

Voraussetzungen des Imperialismus
(zusammenfassende Übersicht)

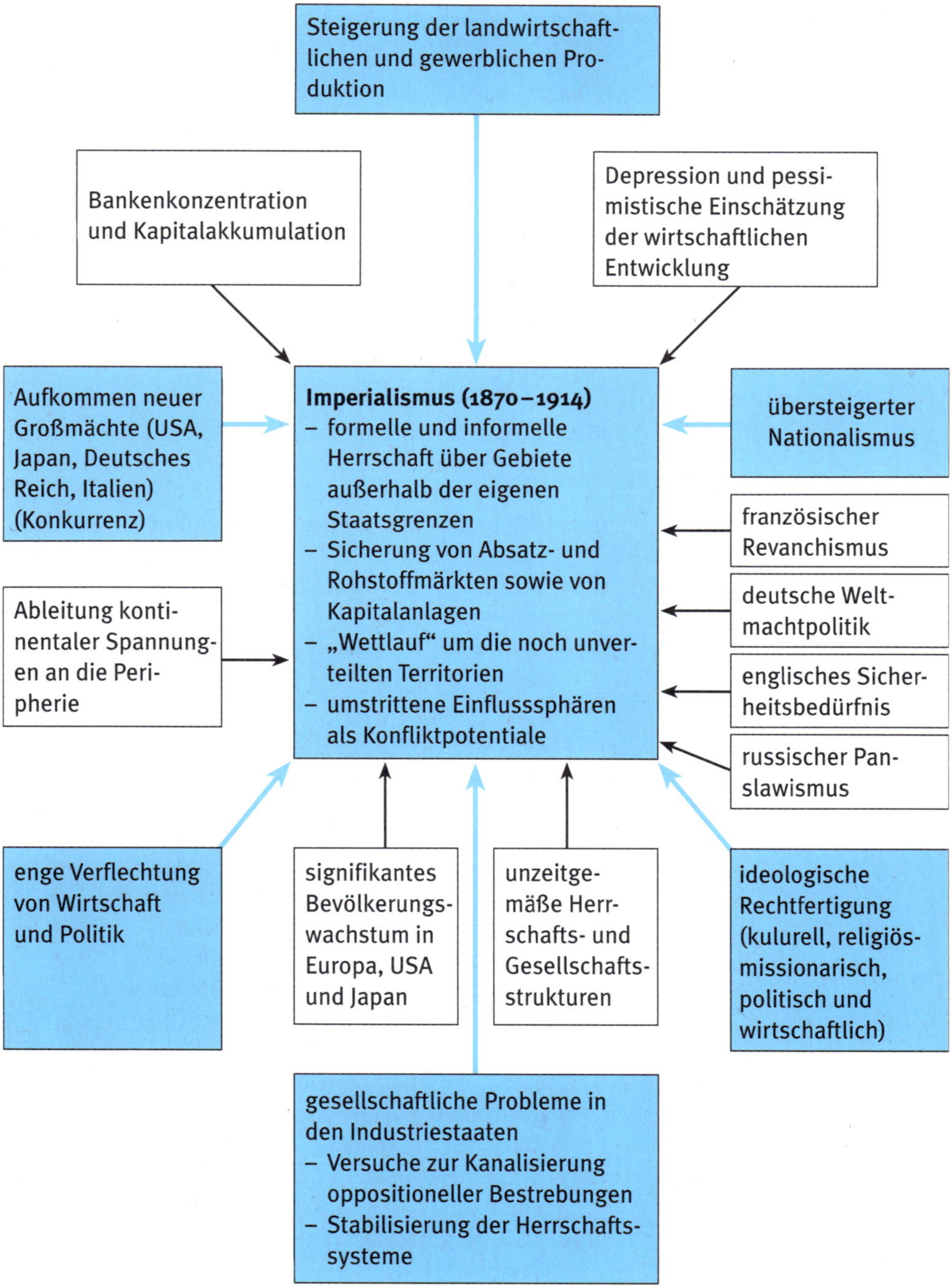

2 Die imperialistischen Mächte

Dieses Kapitel informiert in einer knappen chronologischen Darstellung über die wichtigsten Ereignisse im Zeitalter des Imperialismus. Außerdem werden Kurzberichte über England, Russland, Frankreich, USA, Japan und das Deutsche Reich angeboten. Die Politik des Deutschen Reiches wird ausführlich im 4. Kapitel dargestellt.

1 Ereignisse von besonderer Bedeutung (Überblick)

1842 „Opiumkrieg". Annexion Hongkongs durch Großbritannien; gewaltsame Öffnung Chinas für den britischen Handel

1854 **Öffnung Japans für den Handel** unter US-amerikanischem Druck

1869 Eröffnung des Suez-Kanals: Verkürzung des Seeweges nach Indien

1870/71 **Deutsch-französischer Krieg:** Niederlage Frankreichs, Gründung des Deutschen Reiches, Abtretung Elsass-Lothringens

1877/78 Russisch-türkischer Krieg: Niederlage des Osmanischen Reiches, Friede von San Stefano

1878 **Berliner Kongress** unter Leitung des deutschen Reichskanzlers Otto von Bismarck: notdürftiger Interessenausgleich, vorläufige Lösung der Balkanfrage, Verstimmung der russischen Regierung

1879 **Deutsch-österreichischer Zweibund**

1881 Annexion Tunesiens durch Frankreich

1882 **Besetzung Ägyptens durch Großbritannien**

1884/85 Kongo-Konferenz in Berlin: Übertragung des Kongos an den belgischen König gegen Zusicherung einer „Politik der offenen Tür"

1887 **Rückversicherungsvertrag zwischen dem Deutschen Reich und Russland**

1887 Mittelmeerentente zwischen England, Frankreich und Italien

1890 Ende der Westausbreitung der USA: Erreichen des Pazifiks

1890–1914 **„Politik des Neuen Kurses"** in Deutschland unter Kaiser Wilhelm II.
1890 Nichterneuerung des Rückversicherungsvertrages
1892 Beginn der russisch-französischen Annäherung
1895 Chinesisch-japanischer Krieg: Niederlage Chinas
1898 **Faschoda-Krise** zwischen England und Frankreich
1898 **Krieg zwischen USA und Spanien:** amerikanische Annexion von Guam und Puerto Rico, später auch der Philippinen
1898 **Beginn der deutschen Flottenrüstung:** „Risiko-Theorie", Beginn des Wettrüstens zwischen England und Deutschland
1899 Haager Friedenskonferenz
1899–1901 Englische Bündnissondierungen gegenüber dem Deutschen Reich
1900 **„Boxeraufstand"** gegen die Überfremdung und Ausbeutung Chinas:
Niederschlagung durch die gemeinsame Intervention der imperialistischen Mächte
1903 Beginn des Baus der Bagdadbahn
1904 **Entente cordiale zwischen Großbritannien und Frankreich:** Ausgleich der kolonialen Interessengegensätze in Afrika
1904/05 **Russisch-japanischer Krieg:** Niederlage Russlands, Aufstieg Japans zur Großmacht in Ostasien, Revolution in Russland
1905/06 **Erste Marokko-Krise:** Konferenz von Algeciras, diplomatische Niederlage Deutschlands
1907 **Englisch-russische Entente:** Interessenabgrenzung in Persien und Afghanistan
1908/09 Bosnien-Krise: Annexion Bosniens und der Herzegowina durch Österreich, Versicherung der „Nibelungentreue" durch die deutsche Regierung
1911 **Zweite Marokko-Krise**
1911/12 Militärische Annexion von Tripolis durch Italien
1912/13 Balkankriege
1914 Eröffnung des Panamakanals
1914 **Ausbruch des Ersten Weltkrieges**

2 Die Politik der imperialistischen Mächte

2.1 Der britische Imperialismus

s. Schöllgen, S. 40–43 und S. 137 f.

„Ich glaube, dass die englische Rasse die größte herrschende Rasse ist, die die Welt jemals gesehen hat.“ (Joseph Chamberlain, zit. nach: Mommsen, W. J.: Der europäische Imperialismus, S. 13)

1 Durch eine Reihe maßvoller Reformen in der ersten Hälfte des 19. Jahrhunderts (Ausdehnung des Wahlrechts, Beschränkung der Vorrangstellung des Oberhauses, Stärkung der aus dem Parlament hervorgegangenen Regierung) trat England mit einer geordneten Verfassung und modernen politischen Strukturen, die freilich nur bedingt die Bezeichnung „demokratisch“ verdienen, in das Zeitalter des Imperialismus ein.

Anteil Englands an der Welthandelstonnage (1880): über 50 %

2 Als Ursprungsland der „Industriellen Revolution“ war England in dieser Zeit die führende Wirtschafts- und Handelsmacht. Eine umsichtige Gesetzgebung (Zulassung von Gewerkschaften, Einschränkung der Kinderarbeit, Armenfürsorge) hatte die schlimmsten sozialen Auswüchse der Frühindustrialisierung gemildert.

„essentials“ der britischen Politik:
- *Beherrschung des Mittelmeeres*
- *Mitspracherecht über die Meerengen*
- *Gleichgewicht auf dem Kontinent*
- *Vermeidung kriegerischer, die weltweiten Verpflichtungen Englands gefährdender Verwicklungen*

(nach: Hildebrand, K., in: Stürmer, M., S. 212)

3 Der Besitz der größten Handels- und Kriegsflotte, die geografische Lage und das große Kolonialreich, über das England seit dem 18. Jahrhundert verfügte, boten günstige Voraussetzungen für die weitere überseeische Expansion.

4 In Europa setzte England auf die „Politik des Gleichgewichts auf dem Kontinent“, um die Konkurrenten um Weltmacht und Kolonialbesitz zu binden.

Maritimes Kräfteverhältnis 1889 (Zahl der Linienschiffe)
England: 29
Deutsches Reich: 7
Frankreich: 14
Russland: 7
(nach: Görtemaker, M., S. 311)

5 Bis etwa 1870 hatte Großbritannien wegen seines Vorsprungs als Kolonial- und Handelsmacht am Prinzip des Freihandels und an der Sicherung des bestehenden Kolonialbesitzes festgehalten. „Solange es durch seine Flottenüberlegenheit und durch ein ausgebautes System an Stützpunkten namentlich zur Sicherung des Seeweges nach Indien die Weltmeere beherrschte, war seine Versorgung mit Nahrungsmitteln und mit Rohstoffen zur Entwicklung seiner Industrie ebenso gesichert wie sein auf Freihandel gegründeter Güteraustausch mit der ganzen Welt.“ (Schieder, Th.: Staatensystem, S. 220 f.)

„Defensives Element“ des britischen Imperialismus
„Motiv: politische und strategische Sicherung“
(Schöllgen, G., S. 137 f.)

6 Das Aufkommen neuer Großmächte führte zu einem Wandel der englischen Politik: „Die Furcht, dass England seine beherrschende Stellung auf dem Weltmarkt verlieren könne, war insbesondere seit dem Ende der siebziger Jahre weit verbreitet und hat die imperialistischen Tendenzen der Zeit beträchtlich gefördert.“ (Mommsen, W. J.: Der europäische Imperialismus, S. 21)

7 Die Eröffnung des Suezkanals (1869) und die Bedeutung dieser Verkürzung des Seeweges nach Indien veranlassten die englischen Politiker, sich aktiv in Afrika einzumischen und dort den Bestrebungen etwaiger Rivalen (Frankreich, Italien, Deutsches Reich) entgegenzutreten.

1876: Königin Viktoria von England nimmt den Titel „Kaiserin von Indien“ an.

8 Obwohl das erklärte Ziel der englischen Afrikapolitik der Erwerb einer durchgängigen Verbindung „von Kairo bis zum Kap“ war, vollzog sich der weitere Ausbau des britischen Kolonialreiches in Afrika eher zufällig:
- 1882 Besetzung Ägyptens zur Sicherung der Kanalzone und der finanziellen Ansprüche englischer Gläubiger
- 1886 Erwerb Kenias
- 1895 Gründung der Kolonie Rhodesien aus verschiedenen von England zuvor annektierten Gebieten
- 1898 Vorstoß in den Sudan
- 1899–1902 Annexion der Burenstaaten Transvaal und Oranje (Burenkrieg).

Cecil Rhodes

9 Von besonderer Brisanz war das Aufeinandertreffen eines französischen und eines britischen Expeditionsheeres in Faschoda im Sudan (1898).

10 Ein weiteres vorrangiges Ziel der englischen Politik war es, Russlands Vorstoß ins Mittelmeer zu vereiteln. Dazu war die Schließung der Meerengen für die russische Schwarzmeerflotte und die Erhaltung des Osmanischen Reiches die unabdingbare Voraussetzung.

vgl. 3.2

Großbritannien und seine Kolonien (1909)

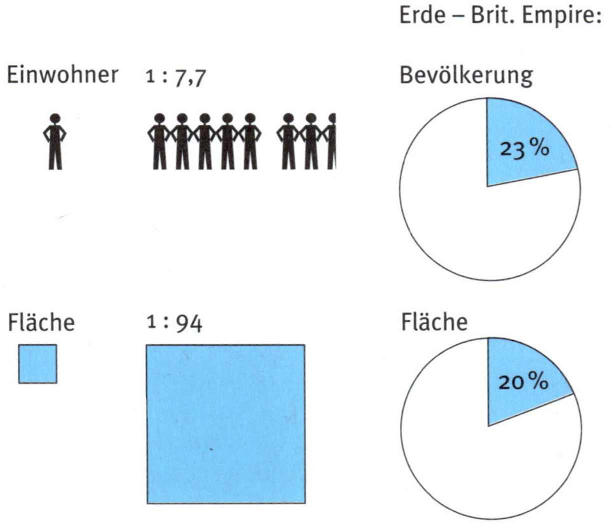

Joseph Chamberlain

vgl. 4.6

11 Um ein kontinentales Gegengewicht gegenüber Russland zu gewinnen, zeigten führende britische Politiker um die Jahrhundertwende Interesse an einem Bündnis mit dem Deutschen Reich; die Sondierungen scheiterten jedoch schließlich an überzogenen englischen Forderungen und an der Überheblichkeit der deutschen Politik („Neuer Kurs").

vgl. 3.6

12 Die Herausforderung Großbritanniens durch die deutsche Flotte (Durchbrechung des „two-power-standards", „Risiko-Theorie") führte dazu, dass Großbritannien das kontinentale Gleichgewicht und seine Weltmachtstellung nicht mehr durch Russland, sondern durch das Deutsche Reich bedroht sah. In dem 1907 gefundenen Interessenausgleich (Entente) grenzten England und Russland ihre Einfluss-Sphären in Persien und Afghanistan im gegenseitigen Einvernehmen ab.

vgl. 3.7

13 Bei den Marokko-Krisen (1905/6 und 1911) unterstützte Großbritannien den französischen Standpunkt und trug damit zur Isolierung des Deutschen Reiches bei.

Die Entwicklung des britischen Imperialismus

1. Phase (1850–1870)	2. Phase (1870–1880)	3. Phase (seit 1880)
Liberalismus Freihandel Ausschaltung von Konkurrenz durch maritime Überlegenheit Rohstoff- und Absatzmärkte in den Kolonien	Herausforderung durch den deutschen, US-amerikanischen und japanischen Protektionismus Gefährdung des auf England bezogenen Weltwirtschaftssystems	Staatlicher Interventionismus in den Kolonien (Ausbau der Verwaltung) und im Mutterland (soziale Reformen) Verteidigung der wirtschaftlichen Überlegenheit durch den Erwerb weiterer Kolonien Defensiver Imperialismus

2.2 Der französische Imperialismus

s. Schöllgen, S. 134–137

1 Am Ende des 19. Jahrhunderts nahm Frankreich den zweiten Platz in der Rangliste der Industriestaaten ein. „Auf dem Gebiet des Geldverkehrs und des Kapitalverkehrs, der gerade im Zeitalter des Imperialismus erheblich an Bedeutung gewann, war das Land… eine Weltmacht." (Schöllgen, G., S. 122)

Der französische Ministerpräsident Jules Ferry (1885): „Wenn Frankreich verzichtet, werden andere seinen Platz einnehmen." (nach: Zimmermann, L., S. 28)

2 Als Bezugspunkt für den modernen französischen Imperialismus gilt der deutsch-französische Krieg (1870–71):

- Frankreich wird Republik,
- Abtretung Elsass-Lothringens (Revanchedenken),
- Kolonialpolitik als Ersatz für die verlorene Vormachtstellung in Europa,
- Isolierungspolitik des Deutschen Reiches gegenüber Frankreich.

„Die französische Politik… muss vor dem Hintergrund der demütigenden Niederlage und vor allem des nicht zu verwindenden Verlustes der Ostprovinzen Elsass-Lothringen gesehen werden." (Deininger, H., S. 1)

3 Der französische Kapitalüberschuss, der infolge der hohen Kriegsentschädigungen an das Deutsche Reich nur für kurze Zeit zurückging, drängte nach Anlagemöglichkeiten in anderen europäischen und überseeischen Ländern.

Französisches Mutterland
Land (qkm): 0,5 Mio.
Einwohner: 39 Mio.

Kolonialbesitz (1910)
Land (qkm): 6 Mio.
Einwohner: 43 Mio.

4 Der französische Imperialismus hatte zwei Stoßrichtungen: Afrika und Indochina.

5 Mit der Errichtung eines Protektorats über Tunesien im Jahre 1881 eröffnete Frankreich den „Wettlauf" um die Aufteilung Afrikas und geriet dabei in einen Interessengegensatz zu Italien und Großbritannien.

6 In rascher Folge gelang es Frankreich, weitere Gebiete in Afrika als Kolonien zu gewinnen:

(– 1830/47 Algier)
- 1881 Tunesien
- 1893 Elfenbeinküste und Gabun
- 1895/96 Madagaskar

7 Die französische Expansion in Afrika, welche sich von Norden und Westen in Richtung Sudan vollzog, geriet in Gegensatz zur englischen Afrikapolitik (Kap-Kairo-Linie) und führte 1898 im Faschoda-Konflikt zu einer gefährlichen Konfrontation zwischen den beiden Mächten. *vgl. 3.5*

8 Der französische Rückzug aus dem Sudan ermöglichte jedoch die Annäherung an Großbritannien, die schließlich 1904 in die Entente cordiale – einen weitgehenden Interessenausgleich – einmündete. *vgl. 4.3*

9 Während der Marokko-Krisen (1905/6 und 1911) bewährte sich die politische Annäherung an England: Frankreich konnte gegen den Widerstand des Deutschen Reiches seinen Anspruch auf die Vorherrschaft über Marokko durchsetzen. *vgl. 3.7*

10 Bereits 1892 durchbrach Frankreich die ihm von Bismarck auferlegte Isolierung, indem es mit Russland eine Militärkonvention einleitete, welche 1894 zum russisch-französischen Zweibund weiterentwickelt wurde. *vgl. 3.2 und 4.5*

Das Zusammengehen mit Russland war durch eine jahrelange Bereitstellung französischer Kredite zur Verbesserung der Infrastruktur Russlands vorbereitet worden; die französischen Mittel wurden insbesondere für den Eisenbahnbau eingesetzt, „sodass für den ins Auge gefassten Bündnisfall durch die strategischen Eisenbahnen in Richtung Westgrenze des russischen Reiches bessere Bedingungen, weil kürzere Mobilmachungs- und Nachschubfristen, für den potenziellen Kriegspartner geschaffen wurden.“ (Deininger, H., S. 222)

Anteil der Franzosen an der Einwohnerzahl Vietnams (1913)
Vietnamesen (einschließlich verschiedener Minderheiten): 17 Mio.
Franzosen: 0,025 Mio

11 In den Jahren 1887–1897 schloss Frankreich die seit 1883 erworbenen Gebiete Annam, Tonking, Kambodscha und Laos zur kolonialen Verwaltungseinheit der „Union Indochina“ zusammen; sie umfasste annähernd 800 000 Quadratkilometer Land.

12 „Der Zugang zu Südchina ... war und blieb in den folgenden Jahren ... das eigentliche Ziel der französischen Vietnampolitik. (Dort sah) man einen riesigen Markt, der es Frankreich erlauben würde, ... sich neben England als Großmacht in Asien zu etablieren.“ (v. Albertini, S. 161)

Das Alkoholmonopol in Vietnam
– Ein Beispiel für den französischen Imperialismus –

Die vietnamesische Bevölkerung trank Reiswein vor allem anlässlich besonderer Festlichkeiten, benötigte ihn aber auch für den Familienschrein der Ahnen. In den meisten Dörfern wurde destilliert ... 1903 erhielt ein einziges Unternehmen ein Monopol der Produktion und des Verkaufs. Um die Einnahmen zu erhöhen, förderte die Kolonialverwaltung den Alkoholkonsum, pro Person wurde ein bestimmtes Quantum als Minimum festgelegt. Ein richtiges Dorfgewerbe ging so ein, andererseits wurde aber die geheime Herstellung von Reiswein geradezu erzwungen, weil die religiöse Tradition vorschrieb, dass der Alkohol für Zeremonien aus eigenem Reis hergestellt sein müsse. Die Folge war ein System von Hausdurchsuchungen, Denunziationen und Beschlagnahmung von selbst destilliertem Reiswein. Manche Dörfer wurden sogar mit Kollektivstrafen belegt, Strafbare konnten zur Zwangsarbeit verschickt werden.

(Nach: v. Albertini, S. 166)

2.3 Der russische Imperialismus

s. Schöllgen, S. 40 f. und S. 138 f.; s. Alter, S. 184 f.

1 Russland litt unter einem ganzen Bündel von Problemen, als es in das Zeitalter des Imperialismus eintrat:

„Sowohl Großmacht als auch überdimensionales Entwicklungsland.“ (Stöckl, E., in: GWU-Beiheft 1971, S. 51)
„Dualistische Wirtschaft mit einer recht modernen Industrie und einer rückständigen Landwirtschaft.“ (Schöllgen, G., S. 126)

Anteile der Industrie (1913)
am Sozialprodukt: 30 %
an der Zahl der Arbeitskräfte: 5 %

- Trotz der Agrarreformen (1861, 1906) hatte sich die Lage der Mehrzahl der Bauern eher verschlechtert.
- „Um den russischen Staat leistungsfähiger ... zu machen, sowie eine bessere Versorgung der Bevölkerung zu gewährleisten, stellte sich für die zaristische Regierung die Aufgabe, der russischen Wirtschaft, die bislang allein von der Landwirtschaft getragen war, ... durch die systematische Entwicklung einer eigenen nationalen Industrie eine zweite Stütze zu geben. Dabei war den verantwortlichen Ministern bewusst, dass dieses Projekt nur mithilfe großer Summen ausländischen

Kapitals durchführbar sein würde." (Deininger, H., S. 217)
- Die krassen sozialen Unterschiede führten zu einem Zustand permanenter revolutionärer Gärung.
- Das Bündnis zwischen zaristischer Autokratie, Großgrund besitzendem Adel und orthodoxer Kirche schlossen das Bürgertum, die Bauern sowie das ländliche und das Industrieproletariat von jeglicher politischer Beteiligung aus.

Imperialistische Ausdehnung und imperialistische Ideologie boten sich als Entlastungsventile geradezu an.

„Russland war gleichsam eine Kolonie bzw. eine Dependance des europäischen Finanzkapitals." (Mommsen, W. J., zit. n. Schöllgen, G., S. 14)

Anteil des Fremdkapitals in russischen Aktiengesellschaften:
1889: 25 %
1899: 52 %

2 Die wichtigsten Ziele der russischen Expansion waren Ostasien und das Osmanische Reich, dessen Existenz den Zugang zum Mittelmeer versperrte. Die Eigenart des russischen Imperialismus bestand darin, dass es hier nicht um die Schaffung eines überseeischen Kolonialreiches, sondern um die Ausbreitung in Territorien ging, welche sich unmittelbar an die eigenen Grenzen anschlossen.

Streben nach gesicherten Grenzen

Ziele des russischen Imperialismus

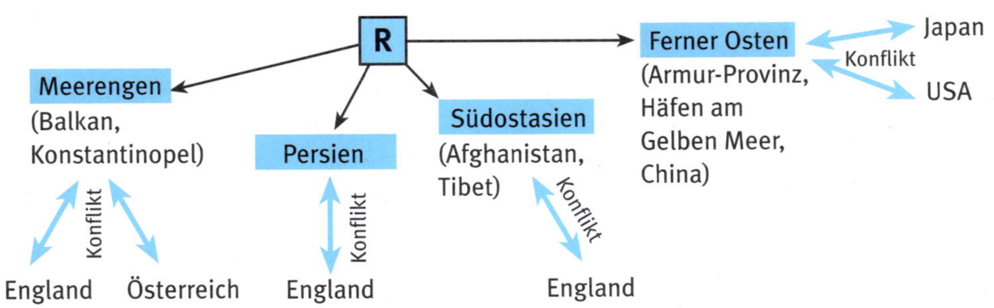

3 Die Lebensadern des großen Reiches waren nicht die Seewege, sondern die Eisenbahnlinien. Dabei kam dem Bau der Transsibirischen Eisenbahn (1891–1904) eine zentrale Bedeutung zu.

4 Konsequenterweise verkaufte Russland seinen einzigen überseeischen Besitz, Alaska, im Jahre 1867 an die USA.

5 Bereits 1858 ergriff das Zarenreich Besitz von dem bis dahin zu China gehörenden Amurgebiet in Ostasien. 1860 wurde an der Küste des Pazifischen Ozeans die Stadt Wladiwostok gegründet.

6 Immer wieder versuchte Russland, gegen den Widerstand Großbritanniens die freie Durchfahrt durch die Meerengen in das Mittelmeer zu erzwingen: Weder der Krimkrieg (1854–1856) noch der russisch-türkische Krieg (1877) führten zum Ziele. Auf dem Berliner Kongress im

Fürst Uchtomski (Berater des Zaren; 1900):
„Asien ist seinem ganzen Umfang nach ... nichts anderes als ein Stück Russlands."
(nach: Zimmermann, L., S. 21)

„Russlands Vorteil, der große Raum, hatte gleichzeitig den Nachteil, dass die Kommunikationswege in Krieg und Frieden lang und schwierig waren, was die wirtschaftliche und militärische Lage komplizierte." (Schieder, Th.: Staatensystem, S. 221)

Bedeutung des Namens Wladiwostok: „Beherrscher des Ostens"

Jahre 1878 wurde die Zuständigkeit des Osmanischen Reiches für die Meerengen erneut bestätigt.

Russische Expansionspolitik 1860–1905

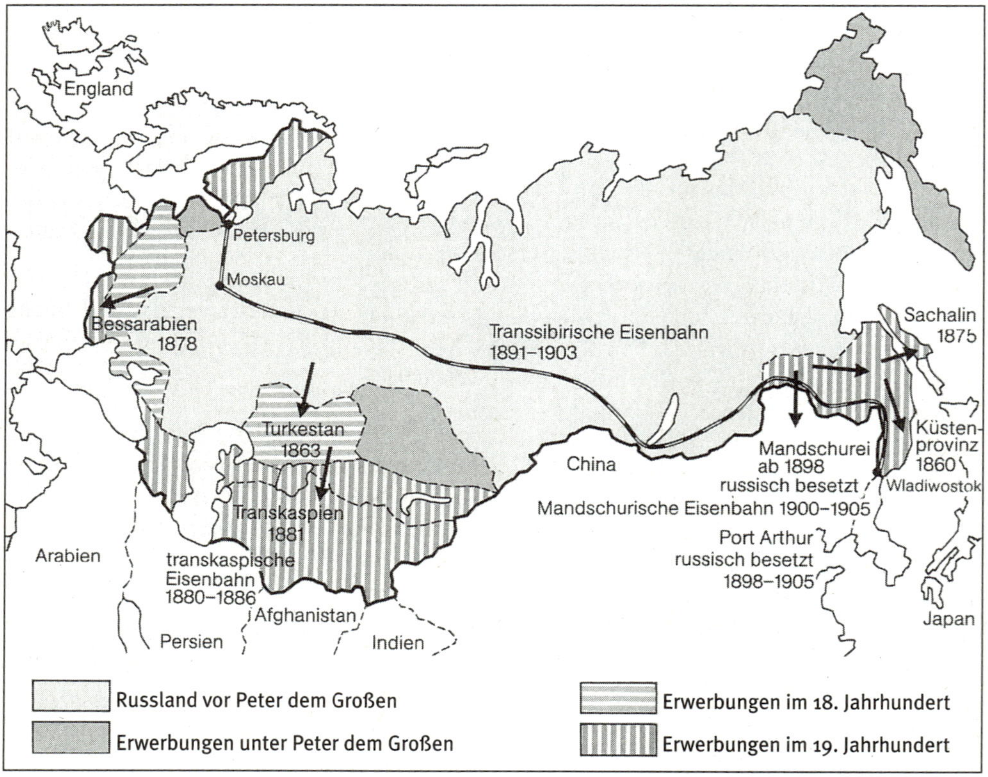

„Die Grundeinsicht hieß: Russische Industrieprodukte sind in Europa nicht wettbewerbsfähig, ihre Zukunft liegt auf den Märkten der noch stärker rückständigen Länder in Fernost und Zentralasien, vorausgesetzt, dass dort Einfluss-Sphären zu gewinnen sind.“
(Müller, Eberhard, in: SOWI 1972, 4, S. 29)

7 Auch die meisterhafte Diplomatie Bismarcks (1881: Dreikaiserabkommen, 1887: Rückversicherungsvertrag) konnte die wachsende Entfremdung zwischen Russland und Österreich nicht aufhalten, welche aus dem Interessengegensatz der beiden Mächte auf dem Balkan entstand. Als sich Russland zudem durch die deutsche Politik (Erhöhung der Getreidezölle, Erschwerung des deutschen Kapitalexports nach Russland) provoziert fühlte, lag eine Annäherung an Frankreich nahe; 1892 kam es zum Abschluss einer Marinekonvention; 1894 wurde der russisch-französische Zweibund geschlossen.

vgl. 4.2.2

8 Der russischen Ausbreitung in Ostasien stellte sich schließlich Japan in den Weg, das seine eigenen Expansionsziele bedroht sah.

Die Niederlage im russisch-japanischen Krieg (Seeschlacht bei Tsuschima, Landschlacht bei Mukden) stoppte die imperialistische Politik Russlands jäh. US-amerikanische Vermittlungen führten zum Frieden von Portsmouth, in dem Russland zu Gunsten Japans auf Korea, Süd-Sachalin und Port Arthur verzichten musste. Russland wandte sich verstärkt dem Balkan zu.

„(Russlands) Drang nach dem Fernen Osten hatte durch die Niederlage im Krieg gegen Japan einen starken Dämpfer erhalten.“ (Mommsen, W. J.: Zeitalter des Imperialismus, S. 228)

9 Als unmittelbare Auswirkung der russischen Niederlage ist der Ausbruch der Revolution im Jahre 1905 zu sehen.

vgl. 2.2.5

10 1907 bauten Großbritannien und Russland in einem Ausgleich (Entente) ihre Interessengegensätze weitgehend ab.

vgl. 4.3

2.4 Der US-amerikanische Imperialismus

1 Bis in das letzte Jahrzehnt des 19. Jahrhunderts dauerte die Ost-West-Durchdringung des nordamerikanischen Kontinents an; sie nahm die Kräfte der USA weitgehend in Anspruch. Die Außenpolitik gegenüber Europa war durch das Prinzip der Nichteinmischung bestimmt (1823: Monroe-Doktrin).

s. Alter, S. 186–190

2 Die Produktionszuwächse der amerikanischen Landwirtschaft und Industrie legten nun die Sicherung und den Ausbau von Absatz- und Rohstoffmärkten nahe. Zur expansiven Handelspolitik trugen die fortschreitende Kapitalkonzentration und der nachhaltige Einfluss der Wirtschaft (big business) auf Regierung und Kongress wesentlich bei.

„Landläufig wird angenommen, die Vereinigten Staaten seien erst seit ihrem Kriege gegen Spanien eine imperialistische Macht geworden. In Wirklichkeit waren jedoch ein mächtiger Ausdehnungsdrang und das entsprechende Selbstbewusstsein der jungen Nation eingeboren.“ (Zimmermann, Ludwig, in: Christmann, H., S. 108)

3 Es entstand die spezifische – amerikanische – Spielart des Imperialismus, welche man als Dollarhegemonie, informelle Herrschaft und die Schaffung wirtschaftlicher und finanzieller Abhängigkeiten charakterisieren kann.

4 Die Ziele des amerikanischen Imperialismus:
- Verdrängung Spaniens aus Mittelamerika. (Im Frieden von Paris [1898] erhielten die USA Guam und Puerto Rico zugesprochen.)
- Umwandlung der Karibik in ein „amerikanisches Meer“ (Kuba, die Dominikanische Republik, Nicaragua und Haiti gerieten in den Status von Protektoraten der USA.)
- Sicherung der Kanalzone (Bau des Panamakanals: 1901–14)
- Beherrschung einer Inselbrücke nach Ostasien (1878: Samoa, 1889: Hawaii, 1898: Philippinen)

„Die territoriale Expansion der Vereinigten Staaten ergab sich… als eine Begleiterscheinung der wirtschaftlichen Expansion.“ (McCormick, Th., in: Wehler, H.-U.: Imperialismus, S. 400)

5 Die US-amerikanische Außenpolitik ging dazu über, stets dort einzugreifen, wo amerikanische Interessen unmittelbar auf dem Spiel standen; das Resultat war die „big-stick-diplomacy“ (Präsident Theodore Roosevelt) gegenüber Mittel- und Südamerika: Wer seine Schulden bezahlte und den amerikanischen Unternehmen keine Schwierigkeiten bereitete, konnte auf das Wohlwollen der USA zählen; innere Unordnung und Zahlungsunfähigkeit zogen die amerikanische Intervention nach sich.

s. Schöllgen, S. 51

vgl. 3.6

6 Gegenüber China setzten die USA die „Politik der offenen Tür“ durch. Kein Staat sollte sich wirtschaftliche Vorteile vor anderen Staaten aneignen; alle sollten offene Märkte und die Gelegenheit zur Kapitalanlage finden.

7 Der wichtigste Konkurrent der USA in Ostasien war Japan:
- Bereits 1854 erzwang das Erscheinen einer amerikanischen Flotte vor Japan die Öffnung Japans für den Handel mit den Vereinigten Staaten.
- Nach dem Sieg Japans über Russland (1904/05) begrenzte die amerikanische Regierung die japanischen Annexionsbestrebungen (Friede von Portsmouth).

Die wichtigsten Annexionen und Einflussgebiete der USA im Zeitalter des Imperialismus

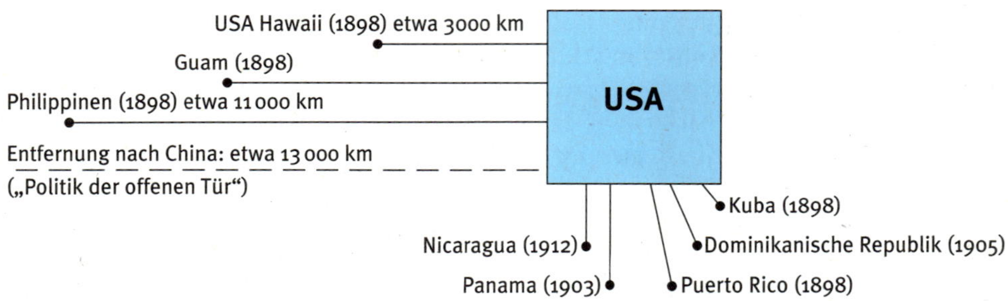

2.5 Der japanische Imperialismus

s. Alter, S. 190–192

Die Beteiligung Japans an der imperialistischen Ausbreitung verdient nicht zuletzt deshalb besondere Beachtung, weil es das einzige Land mit einer nicht-weißen Bevölkerung war, das nicht Opfer der imperialistischen Politik wurde, sondern sich vielmehr seinerseits aktiv an der Aufteilung der noch freien Territorien beteiligte und so zu einem ernst zu nehmenden Konkurrenten der europäischen Staaten und der USA wurde.

1 Durch die Entsendung von Kriegsschiffen erzwangen die USA 1854 die Öffnung japanischer Häfen für die Handelsinteressen amerikanischer Kaufleute. Ungleiche – Japan benachteiligende – Handelsverträge mit europäischen Staaten folgten.

2 Das wirtschaftlich und politisch rückständige Land nahm die Herausforderung an und entwickelte sich – mit Unterstützung zahlreicher europäischer Experten – zu einem modernen Industriestaat.
Zum Gelingen der Reformen von oben trugen die Bereitschaft großer Teile der japanischen Oberschicht zur Modernisierung, die bereits weit fortgeschrittene Alphabetisierung der Bevölkerung und das vorhandene funktionsfähige Verkehrssystem wesentlich bei. Da das Handwerk in Japan bereits vor den Reformen einen hohen Stand erreicht hatte, stand der Produktion in den Fabriken eine ausreichende Zahl geschickter Facharbeiter zur Verfügung.

3 Auf den gesellschaftlichen Aufbau hatte der ökonomische Modernisierungsprozess freilich nur einen sehr geringen Einfluss: durch die enge Verbindung zwischen Unternehmerschaft, Militär und Kaiserhaus blieb die Mehrheit der Bevölkerung von der politischen Mitwirkung ausgeschlossen.

4 Das rasche Bevölkerungswachstum und die Notwendigkeit, ausreichende Ernährungsgrundlagen sowie Absatzmärkte für die junge Industrie zu gewinnen, drängten Japan auf den imperialistischen Kurs.

Verdoppelung der Einwohnerzahl Japans zwischen 1860 und 1910

5 Die Schwäche Chinas lud die Japaner geradezu ein, auf das benachbarte Festland Einfluss zu nehmen. Der von Japan vom Zaun gebrochene Krieg gegen China (1894/95) endete mit der Niederlage Chinas. Im Frieden von Schimonoseki (1895) erwarb Japan Formosa und setzte die Unabhängigkeit Koreas durch, dessen Annexion das Ziel der japanischen Politik blieb.
Nur durch die Interventionsdrohung Russlands, Frankreichs und Deutschlands konnte Japan damals davon abgehalten werden, sich auch den wichtigen Stützpunkt Port Arthur anzueignen.

s. Schöllgen, S. 49 f.
vgl. 3.6

6 Englands Bestreben, ein weiteres Vordringen Russlands in Ostasien und die Bedrohung seiner Kronkolonie Indien zu verhindern, ermöglichte das 1902 zwischen Großbritannien und Japan abgeschlossene Bündnis. Damit übernahm die neue Großmacht für England die Aufgabe, bei der Eindämmung Russlands mitzuwirken – eine Rolle, die England eigentlich dem Deutschen Reich zugedacht hatte.

vgl. 4.2.5

Der chinesische Politiker und Reformer Sun Yatsen: „Der russisch-japanische Krieg brachte den ersten Triumph Asiens über Europa während der letzten Jahrhunderte.“

7 Auf dieses Bündnis gestützt, führte Japan 1904/05 Krieg gegen Russland; in diesem Krieg unterlag Russland und verlor in der Seeschlacht bei Tsuschima sogar seine Ostseeflotte, die nach einer Fahrt um die halbe Erde im Pazifik zum Einsatz gekommen war. Auf die Vermittlung der USA hin einigten sich Russland und Japan im Frieden von Portsmouth (USA) auf die Abtretung Süd-Sachalins und Port Arthurs an Japan.

vgl. 2.2.5

„Japan (etablierte sich...) endgültig als anerkannte Groß-, ja Weltmacht im Fernen Osten.“ (Schöllgen, G., S. 65)

8 In den folgenden Jahren errichtete Japan außerdem ein Protektorat über Korea, das schließlich 1910 japanische Kolonie wurde.

Die japanische Expansion im Zeitalter des Imperialismus

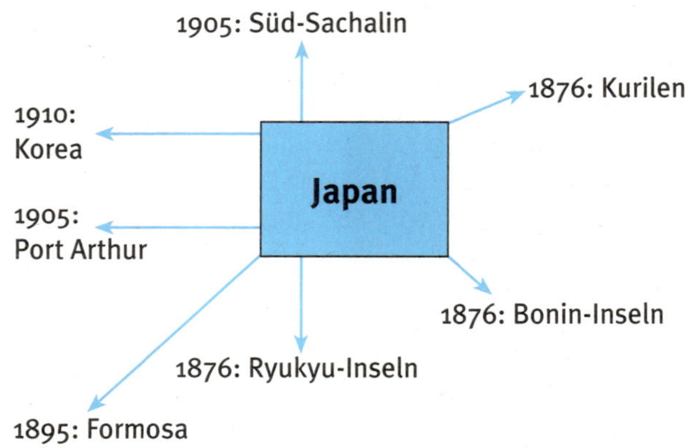

2.6 Der deutsche Imperialismus

s. Schöllgen, S. 44 f.

„Das Jahr 1890 markiert die Grenze zwischen zwei eigenständigen Epochen deutscher Geschichte.“ (Baumgart, W., S. 11)

An dieser Stelle wird der deutsche Imperialismus nur im Überblick beschrieben. Einzelheiten der deutschen Außenpolitik in der Zeit von 1871 bis 1914 finden sich in Kapitel 4.

1 Die Geschichtswissenschaft unterscheidet zwischen einer eher defensiven Phase der deutschen Außenpolitik – 1871 bis 1890 (Bismarck) – und einer eher aggressiven Phase – 1890 bis 1914 (Kaiser Wilhelm II.), obwohl die wichtigsten Kolonialerwerbungen des Deutschen Reiches bereits in den achtziger Jahren stattgefunden haben.

2 Nach der Reichsgründung (18. Januar 1871) erklärte Bismarck das Deutsche Reich für „saturiert“; eine Provokation der europäischen Großmächte durch weitergehende deutsche Gebietsansprüche sollte so vermieden werden.

3 Die deutsche Außenpolitik zielte in der ersten Phase vor allem darauf ab, die kolonialen Spannungen der imperialistischen Mächte zu erhalten, um gegen das Reich gerichtete Bündnisse zu verhindern und den Frieden in Europa zu sichern (Friedenspolitik im Reichsinteresse).

vgl. 3.2
Die wichtigsten Bündnisse des Deutschen Reiches:
1879 Zweibund (DR–ÖU)
1881 Dreikaiserbündnis (DR–R–ÖU)
1887 Rückversicherungsvertrag (DR–R)

4 Ein kompliziertes Bündnissystem mit eindeutig friedenserhaltender Tendenz sollte seit 1879 dazu dienen, gegen das Deutsche Reich gerichtete Koalitionen und insbesondere eine „Einkreisung" Deutschlands unmöglich zu machen.

5 Obgleich Bismarck der überseeischen Besitzergreifung durch Kaufleute und private Handelsgesellschaften den Vorrang gab, entschloss er sich, der nationalen Kolonialbegeisterung nachzugeben und Gebietserwerbungen von Privatpersonen in Afrika und im Pazifik unter den „Schutz des Deutschen Reiches" zu stellen; Deutschland reihte sich in den Kreis der imperialistischen Mächte ein.

vgl. 4.2.3
Kolonialerwerbungen vor 1890:
1884 Deutsch-Südwestafrika, Togo und Kamerun
1885 Kaiser Wilhelm-Land (Nordosten Neu-Guineas), Bismarckarchipel, Deutsch-Ostafrika

6 Der von Kaiser Wilhelm II. (1890–1918) eingeschlagene „Neue Kurs" gab die bisherige Zurückhaltung in der Außenpolitik auf; man forderte jetzt für Deutschland einen „Platz an der Sonne".

vgl. 4.2.4

7 Obwohl die russisch-französische Annäherung schon in den letzten Jahren der Kanzlerschaft Bismarcks begonnen hatte und die Grenzen der bismarckschen Bündnispolitik (Widerspruch zwischen der Geheimen Zusatzklausel des Rückversicherungsvertrages und der Mittelmeerentente) bereits offenkundig waren, führte erst die sprunghafte, unberechenbare und auf weiteren Machtzuwachs gerichtete Außenpolitik des „Neuen Kurses", welche die Möglichkeiten des Deutschen Reiches bei weitem überschätzte, zu dessen Isolierung.

vgl. 4.2.2

8 Die als Hebel und Instrument der deutschen Weltmachtpolitik eingesetzte Flottenrüstung verstimmte England und trug zur Beilegung der kolonialen Spannungen zwischen England und Russland bzw. England und Frankreich wesentlich bei.

vgl. 4.2.5

9 Durch eine aufwändige und wirkungsvolle Propaganda, der insbesondere der deutsche Mittelstand erlag, schufen der „Deutsche Kolonialverein" und der „Deutsche Flottenverein" die erforderliche nationale Zustimmung zur Politik des „Neuen Kurses".

10 Als England, Russland und Frankreich ihre kolonialen Spannungen weitgehend abgebaut hatten und die kontinentalen Gegensätze wieder in den Vordergrund traten, blieb für das Deutsche Reich nur noch Österreich-Ungarn

vgl. 3.7 und 4.2.2

als Bündnispartner übrig, dem man sich in „Nibelungentreue“ verbunden fühlte. Spätestens seit der zweiten Marokko-Krise (1911) war also die Mächtekonstellation des Ersten Weltkrieges gegeben.

Anregungen zur Wiederholung und Vertiefung

a) Nennen Sie für die Länder Großbritannien, Frankreich, Russland, USA und Japan die Voraussetzungen, die Ziele und die Expansionsrichtungen des Imperialismus.
b) Erarbeiten Sie charakteristische Unterschiede hinsichtlich der Ziele und der imperialistischen Methoden der genannten fünf Mächte.
c) Erörtern Sie an ausgewählten Beispielen die Bedeutung der spezifischen geografischen Voraussetzungen des jeweiligen Mutterlandes für die imperialistische Politik der einzelnen Staaten.
d) Zeigen Sie den Wandel, der sich im Verhältnis der Großmächte zwischen 1870 und 1914 vollzogen hat. Versuchen Sie, diesen Wandel zu begründen.
e) Nehmen Sie Stellung zu der Prämisse der deutschen Außenpolitik, dass die kolonialen Gegensätze und Spannungen zwischen den Großmächten ein Zusammengehen dieser Mächte unmöglich machten.

Spannungsfelder imperialistischer Politik

3

1 Der „Wettlauf“ um die unverteilten Territorien der Erde (Überblick)

Zahlreiche Rivalitäten, Gegensätze und Konflikte zwischen den imperialistischen Mächten kennzeichnen das Zeitalter des Imperialismus. An dieser Stelle können nur einige Spannungsfelder, die besonders wichtig erscheinen, herausgegriffen werden. Zusätzliche Informationen kann man dem abgedruckten Kartenmaterial und den Zahlenangaben entnehmen.

1.1 Aufteilung Afrikas vor 1914

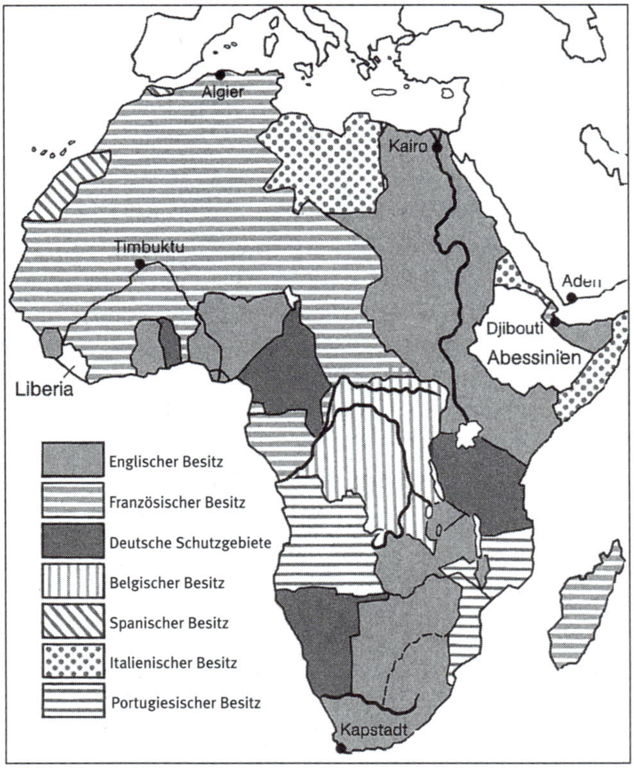

1.2 Das Konkurrenzverhältnis zwischen den imperialistischen Staaten

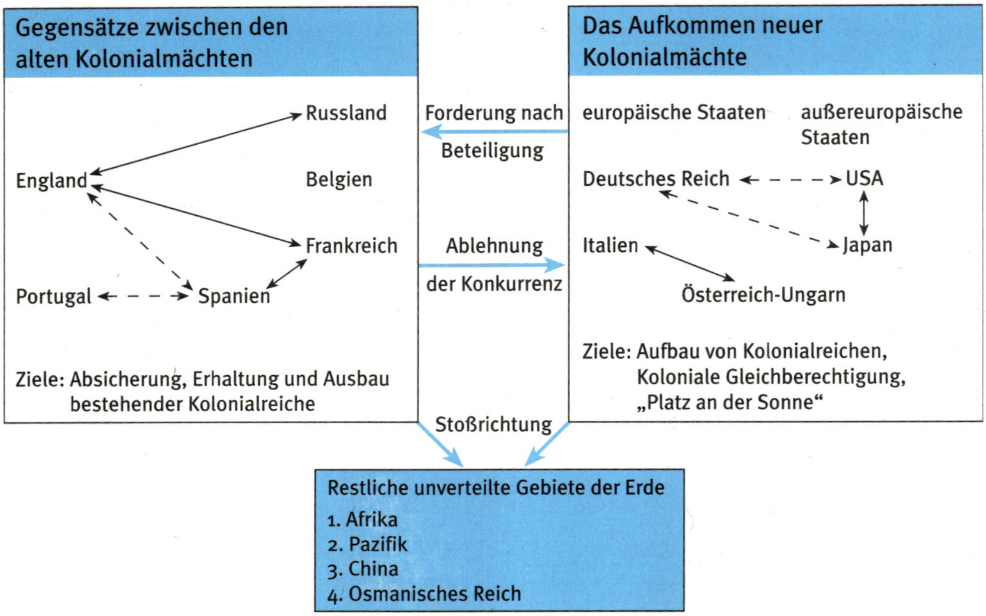

1.3 Mutterland und Kolonialreich

Landfläche und Einwohnerzahl der Kolonien (1909) (Zahlen gerundet)

	km² (in 1000)	**Einwohner (in Millionen)**
England	30 000	350
Russland	17 000	27
Frankreich	6 000	43
Deutsches Reich	2 500	12
Italien	1 500	2
Japan	300	19
USA	300	9

(nach: Zimmermann, L., S. 3)

Größenverhältnis zwischen Mutterland und Kolonialreich (1913) (Zahlen gerundet)

	Einwohner	**Fläche**
England	1 : 10	1 : 140
Frankreich	1 : 1	1 : 23
Russland	1 : 0,5	1 : 3
Deutsches Reich	1 : 0,2	1 : 6
Japan	1 : 0,2	1 : 1
USA	1 : 0,1	1 : 0,3
Italien	1 : 0,05	1 : 5

(nach: Henning, F.-W.: Die Industrialisierung Deutschlands 1800–1914, Paderborn 1973, S. 259)

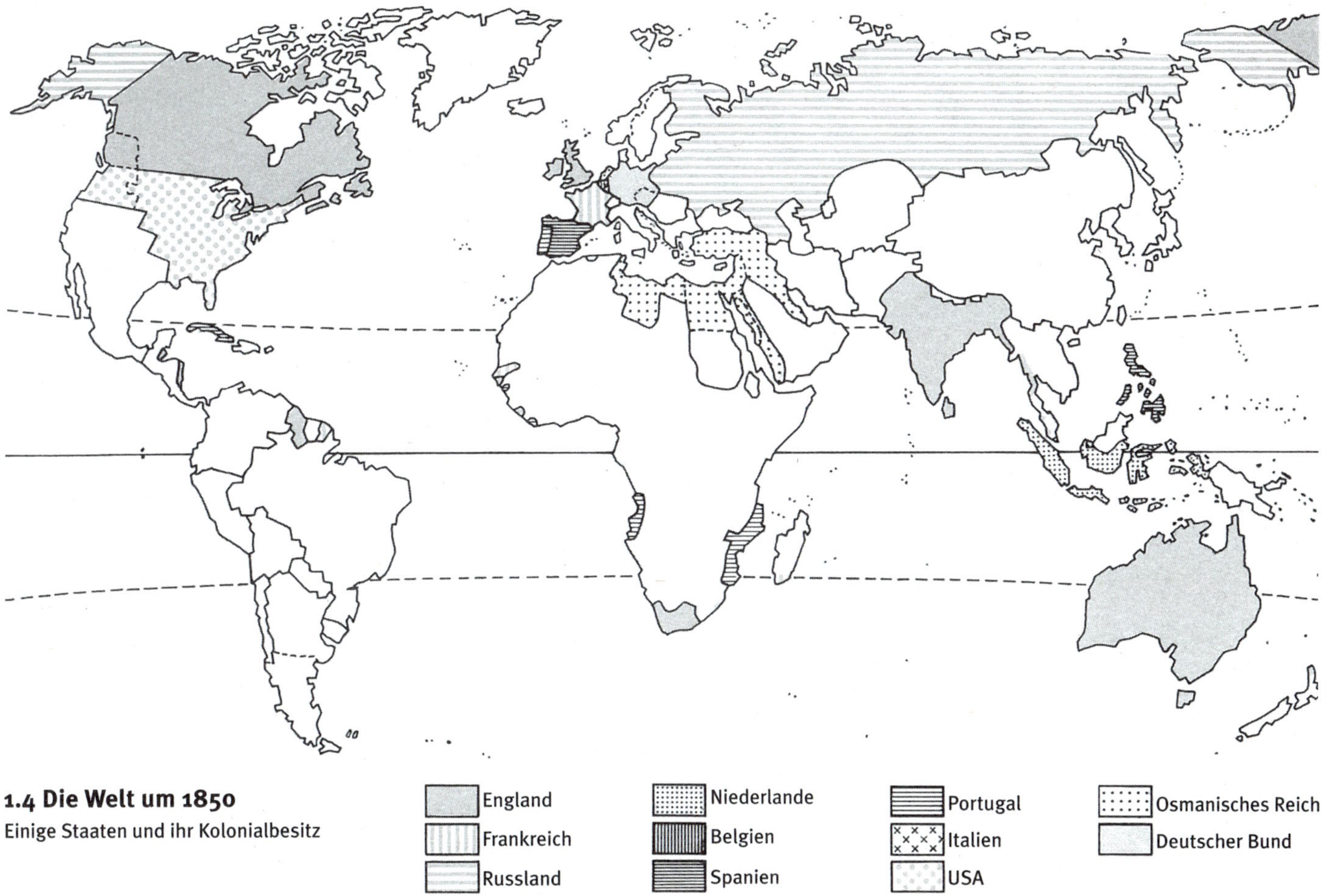

1.4 Die Welt um 1850
Einige Staaten und ihr Kolonialbesitz

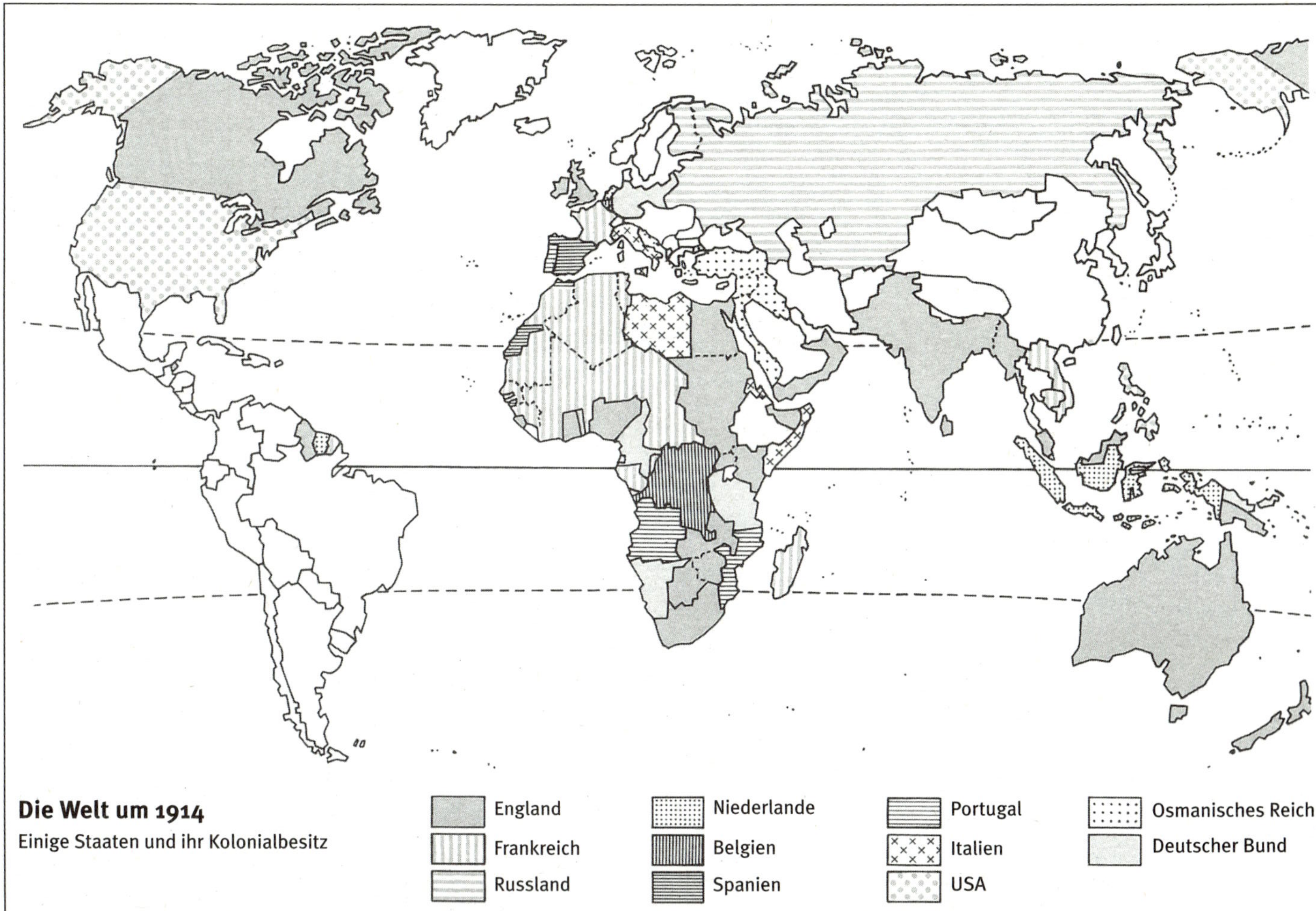
Die Welt um 1914
Einige Staaten und ihr Kolonialbesitz
England
Frankreich
Russland
Niederlande
Belgien
Spanien
Portugal
Italien
USA
Osmanisches Reich
Deutscher Bund

2 Der russisch-türkische Krieg und der Berliner Kongress

1 Trotz der Niederlage im Krimkrieg (1854–56) gab Russland sein Ziel, über die Meerengen zwischen dem Schwarzen Meer und dem Mittelmeer zu verfügen, nicht auf.

s. Alter, S. 170–172

2 Die panslawistische Bewegung, die religiöse und politische Forderungen miteinander verband, übte nachhaltigen Druck auf die Regierung des Zaren Alexander II. aus.

3 1877 bot ein Aufstand im europäischen Teil der Türkei gegen das „muselmännische Joch" die Gelegenheit zum Eingreifen. Obwohl sich Österreich abwartend verhielt und Bismarck dem Zaren übermitteln ließ, dass das Deutsche Reich eine Schwächung Österreichs nicht hinnehmen könne, eröffnete Russland den Krieg gegen die Türkei.

Nikolai Danilewsky (1871): „Das Los Russlands ist ein glückliches: um seine Macht zu vergrößern, braucht es nicht zu unterwerfen, nicht zu knechten wie alle Vertreter der Gewalt, die bisher auf unserer Erde lebten … – vielmehr nur zu befreien und wieder aufzurichten." (nach: Schönbrunn 1, S. 503)

4 Die russischen Truppen drangen bis vor die Tore von Konstantinopel vor; im Frieden von San Stefano (März 1878) wurde die Türkei nahezu ihres gesamten europäischen Landbesitzes beraubt; ein neu geschaffenes Großbulgarisches Reich sollte sich bis zum Mittelmeer erstrecken und dort der russischen Flotte einen Stützpunkt bieten.

Panslawismus

Bezeichnung für die Bestrebung eines politischen und kulturellen Zusammenschlusses aller Slawen. Als Terminus zunächst für die slawische Sprachenverwandtschaft eingeführt, bekam der Panslawismus bei den Westslawen in den 30er-Jahren des 18. Jahrhunderts politische Stoßkraft und enthielt bereits in dieser Zeit auch Wünsche nach nationaler Staatswerdung der slawischen Stämme. Gleichzeitig entwickelte in Russland M. P. Pogodin Ideen über den Vorzug der slawischen vor den anderen Völkern und über eine russische Hegemonie in der slawischen Welt.

(Meyers Taschenlexikon Geschichte, Band 4, Mannheim 1982, S. 301)

5 Die englische Politik, welche im Vordringen Russlands zum Mittelmeer eine Gefährdung der eigenen Vormachtstellung erblickte, wollte die Entscheidungen des Friedens von San Stefano nicht hinnehmen.

6 Österreich fürchtete den von der slawischen Nationalbewegung ausgehenden Sog auf die nichtdeutschen Teile der Donaumonarchie und lehnte deshalb das russische Vordringen auf dem Balkan ab.

7 Als Österreich und England Militäraktionen gegen Russland androhten, das sich einem großen Krieg nicht

Die Mächtekonstellation nach dem Frieden von San Stefano:

Türkei
+
England → Russland
+
Österreich-Ungarn

Deutsches Reich neutral

gewachsen sah, einigten sich die Mächte darauf, die Streitigkeiten durch Verhandlungen beizulegen.

8 Das Hauptziel des Berliner Kongresses (1878), der unter Leitung des deutschen Reichskanzlers von Bismarck stattfand, war es, die europäische Türkei wiederherzustellen und den Frieden von San Stefano zu annullieren.

Der Berliner Kongress 1878

Gemälde von Anton von Werner, 1892

Bismarck in einer Reichstagsrede (1878):
„Die Vermittlung des Friedens denke ich mir nicht so, dass wir nun ... den Schiedsrichter spielen ..., sondern mehr die Rolle eines ehrlichen Maklers."
(Kampmann, Wanda: Bismarck, Paderborn 1967, S. 96)

„Der Grundsatz der territorialen Integrität der Türkei wurde nun endgültig preisgegeben."
(Gall, Lothar: Bismarck, Frankfurt 1980, S. 522 f.)

9 Der Kongress führte zu einer Neuordnung auf dem Balkan:

a) türkischer Landbesitz auf dem Balkan
b) der Türkei tributpflichtige Fürstentümer
c) unabhängige (bisher unter türkischer Oberhoheit stehende) Staaten
d) Annexion von Teilen Bessarabiens durch Russland
e) Übertragung des Besatzungs- und Verwaltungsrechtes in Bosnien und in der Herzegowina an Österreich

10 Der Berliner Kongress bestätigte außerdem die Inbesitznahme Zyperns durch England und die Erweiterung Russlands um Batum und Kars (am Kaspischen Meer).

11 1878 kam zwar ein Ausgleich zustande; dieser konnte jedoch nicht von Dauer sein, weil bereits damals die imperialistischen Gegensätze der Großmächte zu groß waren.

12 Trotz der zeitweiligen Verstimmung zwischen dem Deutschen Reich und Russland, wo man eine weitergehende Unterstützung der russischen Wünsche durch Bismarck erhofft hatte, durfte dieser mit dem Ergebnis zufrieden sein: Der europäische Krieg war vermieden, die Spannungen waren verringert, aber nicht gänzlich abgebaut worden.

„Das Problem einer Neuordnung auf dem Balkan (hat) seit dem Berliner Kongress... die beteiligten Staaten niemals zur Ruhe kommen lassen." (Mommsen, W. J.: Zeitalter des Imperialismus, S. 152)

vgl. 4.2.2

3 Die Errichtung des britischen Protektorates über Ägypten

1 Die Modernisierung Ägyptens war bereits Jahrzehnte vor der Annexion durch die Engländer in Gang gekommen:
- Intensivierung des Baumwollanbaus
- Kauf europäischer Maschinen
- Unterstützung durch europäische Techniker
- Ausbau einer Industrie: Textil, Leder, Papier, Textilien, Waffen
- Ausbau des Eisenbahn- und Kanalsystems
- Errichtung moderner Hafenanlagen (Alexandria)

vgl. 2.2.1
s. Schöllgen, S. 41 f. und S. 45 f.;
s. Alter, S. 180–182

„vorkolonialer Modernisierungsprozess" und „endogene Europäisierungsbestrebungen" (v. Albertini, R., S. 184)

2 „Aber die soziale Basis hat der neuen Industrie gefehlt. Es fehlte auch die Arbeiterschaft: Arbeiter wurden verpflichtet und minimal bezahlt; es mangelte an qualifizierten Kräften für den Unterhalt der Maschinen." (v. Albertini, S. 187)

3 Die Vermarktung der ägyptischen Produkte lag weitgehend in der Zuständigkeit europäischer Handelshäuser. Die Finanzierung der Modernisierung erfolgte über europäische (vor allem englische und französische) Anleihen.

„Die Grundstrukturen des kolonialen Systems waren in Ägypten bereits gegeben, noch bevor Großbritannien 1882 die formale Herrschaft übernahm." (v. Albertini, R., S. 188)

4 Die Europäer genossen weitgehende Vorrechte:
- Steuerfreiheit
- eigene Gerichtsbarkeit
- Recht zum Erwerb von Grundbesitz
- Niederlassung von Banken

5 1876 erwarb Großbritannien die Mehrheit der Suezkanal-Aktien.

„kein Eldorado, sondern lediglich Land mit einem verantwortungslosen Herrscher" (Schölch, A.: Ägypten den Ägyptern. Zürich 1973, S. 53)

6 Der Preis für den Modernisierungsprozess war hoch:
- starke Verschuldung und hoher Schuldendienst
- Abhängigkeit von europäischen Kapitalgebern
- Fehlinvestitionen und luxuriöse Hofhaltung der Vizekönige (Khediven)
- Auflösung der ägyptischen Dorfgemeinschaft
- Staatsbankrott (1876)

Staatsausgaben 1877: 9,5 Millionen Pfund

davon Zinsen und Tilgungen an europäische Gläubiger: 7,5 Millionen Pfund

Wegen des drohenden Staatsbankrotts übernahmen englische und französische Beamte im Jahre 1876 die Aufsicht über das ägyptische Finanzwesen.

Urabi – „der Retter und Beschützer in der Not“ (Schölch, A., ebd., S. 218)

7 Gegen die türkische Oberherrschaft und den Einfluss der Europäer brach unter der Leitung des ägyptischen Oberst Achmed Urabi ein Aufstand aus, der den Khediven schließlich zum Rücktritt zwang.

8 Als sich dieser Aufstand zu einer gegen die europäischen Mächte gerichteten Volksbewegung auszuweiten drohte, fürchteten die europäischen Gläubiger um das investierte Kapital. Auch die Verfügung über den Suezkanal schien bedroht.

9 Weil eine gemeinsame Aktion am Zaudern Frankreichs scheiterte, entschloss sich England zur militärischen Intervention im Alleingang:
- Bombardierung Alexandrias
- Niederlage der ägyptischen Truppen
- Besetzung des Landes

Der englische Generalkonsul Sir Evelyn Baring: „Die besondere Geschicklichkeit, welche die Engländer beim Regieren von orientalischen Rassen gezeigt haben, weisen auf England als das wirkungsvollste und wohltätigste Werkzeug für die allmähliche Einführung der europäischen Zivilisation in Ägypten hin.“ (nach: Hoffmann, Joachim: Der Imperialismus und der Erste Weltkrieg, Frankfurt 1965, S. 6)

10 Zwar hatte die englische Regierung nur an eine vorübergehende Besetzung gedacht und lediglich die Wiederherstellung des Zustandes vor dem Urabi-Aufstand angestrebt; es zeigte sich jedoch bald, dass die politische Schwäche des Landes und die drohende Gefahr neuer Aufstände die Errichtung einer englischen Oberhoheit auf Dauer erforderlich machten.

11 Man ließ zwar das ägyptische Regierungssystem bestehen, aber der von England eingesetzte Generalkonsul verfügte über so weitgehende Vollmachten und der Anteil der britischen Beamten im Verwaltungsapparat Ägyptens war so groß, dass man praktisch von einer englischen Herrschaft über Ägypten sprechen konnte.

Anteil des Zinsendienstes an den ägyptischen Staatsausgaben im Jahre 1890: über 40 %

12 Im Mittelpunkt der britischen Ägyptenpolitik stand die Ordnung der Staatsfinanzen (Abwendung des Staatsbankrotts), weil nur so die Schulden bei den europäischen Gläubigern abgetragen werden konnten.

13 „(Von nun an dominierte) ‚King Cotton‘ die ägyptische Wirtschaft. Baumwolle und Baumwollsamen lieferten mehr als 90 % des Exportes; etwa 50 % gingen nach England.“ (v. Albertini, R., S. 199)

4 Der Krieg zwischen Spanien und den USA (1898)

1 Das amerikanische Interesse am Einfluss auf Mittelamerika und die Karibik war seit dem Erwerb Kaliforniens und dem Plan, eine Verbindung zwischen Pazifik und Atlantik (Panamakanal) herzustellen, virulent.

s. Schöllgen, S. 51 f.
vgl. 2.2.4

2 1895 brach auf Kuba ein Aufstand gegen die spanische Kolonialmacht aus, der von amerikanischen Freiwilligen unterstützt wurde. Unter Bezug auf die Monroe-Doktrin (1823: „Amerika den Amerikanern") forderte der amerikanische Kongress den Rückzug Spaniens und die Unabhängigkeit Kubas.

3 Eine wahre Flut von Publikationen erzeugte in der amerikanischen Bevölkerung eine pro-imperialistische Stimmung. Angesichts der „Großen Depression" in der Mitte der 90er-Jahre wurde die Expansion nach Mittelamerika und Ostasien als ein Weg angesehen, um der drohenden Erschütterung der Gesellschaftsordnung vorzubeugen.

„Wegen der ständigen Überproduktion im eigenen Land konnte (nach der Auffassung des amerikanischen Publizisten Charles A. Conant) ‚die gegenwärtige Gesellschaftsstruktur' nur dann erhalten werden, wenn ‚das vitale Problem: ausländische Absatzmärkte zu finden' gelöst wurde. ‚Wie notwendig sind doch Abzugskanäle für die Rettung Amerikas, wenn nicht die gesamte Ordnung der derzeitigen Wirtschaftsverfassung durch eine soziale Revolution erschüttert werden soll.'"
(Wehler, Hans-Ulrich; in: Mommsen, W. J.: Der moderne Imperialismus, S. 380)

4 Die Explosion eines amerikanischen Schlachtschiffes vor Havanna gab die Gelegenheit zum militärischen Eingreifen der USA.

5 In dem für Spanien verlustreichen Krieg errangen die amerikanischen Landetruppen auf Kuba und die amerikanische Flotte schließlich den Sieg. Spanien musste im Frieden von Paris (1898) Guam, Puerto Rico und Kuba abtreten und verkaufte seinen Anspruch auf die Philippinen an die USA.

6 Während Spanien 1898 seine letzten Kolonien verlor, traten die USA – indem sie die spanische Herrschaft übernahmen – offen in das Lager der imperialistischen Mächte ein.

„Der Erwerb der Philippinen etablierte die USA endgültig als Macht im Fernen Osten."
(Sautter, Udo: Geschichte der Vereinigten Staaten von Amerika, Stuttgart 1986, S. 307)

Thomas McCormick: Der US-amerikanische Imperialismus

Die Leiter der amerikanischen Politik vermieden einen formellen Imperialismus und wählten als Form ökonomischer Expansion vorwiegend die Politik der Offenen Tür, zu der sie 1895 übergingen. Sie wurde als „Offenhalten von Außenmärkten" und „Sicherstellung gleicher und liberaler Handelsmöglichkeiten" definiert. In dieser Entscheidung spiegelt sich einerseits eine Abneigung gegen die materiellen und geistigen Belastungen einer ausgedehnten Kolonialpolitik. Sie deutete jedoch andererseits auch darauf hin, dass die Amerikaner außerordentlich sicher waren, auf Grund ihrer ökonomischen Überlegenheit bei einem solchen, für alle Völker gleichen wirtschaftlichen Zugang einen beträchtlichen Teil des Weltmarkts zu erobern. Die Politik der Offenen Tür, auf die man sich niemals starr festlegte, sollte durch einen begrenzten „Inselimperialismus" im Pazifik ergänzt werden, wo nach dem damaligen Stand der technischen Entwicklung Sprungbretter zu den Hauptmärkten erforderlich waren.

(in: Wehler, H.-U.: Imperialismus, S. 400 f.)

5 Der Faschodakonflikt (1898)

vgl. 2.2.1

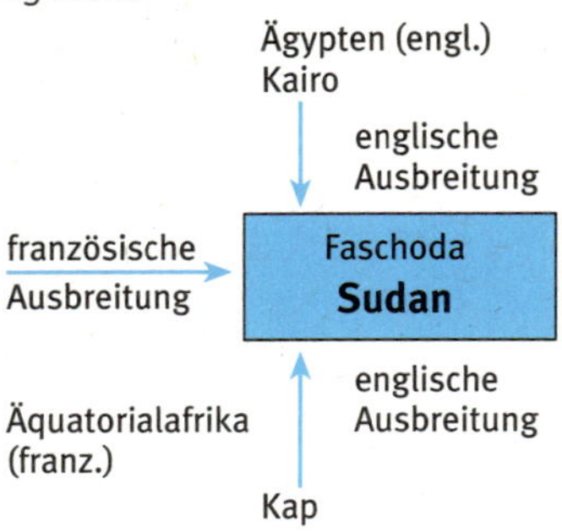

1 Ein kleines französisches Expeditionskorps erreichte im Juli 1898 die Stadt Faschoda im Sudan und hisste dort besitzergreifend die Trikolore.

2 Einige Wochen später erschien „der englische Oberbefehlshaber der ägyptischen Armee“, Lord Kitchener, mit fünf Kanonenbooten und weit überlegenen Truppen ebenfalls in Faschoda und forderte die Franzosen mit dem Argument, dass der Sudan ein Teil Ägyptens sei, zum sofortigen Rückzug auf.

s. Schöllgen, S. 47 f.

3 Sowohl die französische West-Ost-Durchdringung Afrikas, wie für den britischen Plan, eine Landverbindung von Kairo bis zum Kap in Besitz zu nehmen, war der Sudan von größter Bedeutung. Die Krise war da!

Die Hoffnung eines deutschen Diplomaten:
„Faschoda hat Elsass-Lothringen in Vergessenheit gebracht.“
(nach: Hoffmann, Joachim: Der Imperialismus und der Erste Weltkrieg, Frankfurt 1965, S. 36)

4 Angesichts des nationalen Druckes im Innern wollte die französische Regierung die britische Machtdemonstration am Nil nicht einfach hinnehmen. Aber die französische Diplomatie war mit ihrem Anspruch auf den Sudan isoliert; außerdem sah sich Frankreich einem Krieg mit Großbritannien nicht gewachsen.

5 So kam schließlich 1899 zwischen den beiden Staaten ein Ausgleich zustande; im Sudan-Vertrag erkannte Frankreich die englische Herrschaft über den Sudan an; es wurde dafür mit dem Tschadbecken abgefunden. Die Kriegsgefahr war durch diplomatische Verhandlungen abgewendet worden.

„Grundmuster einer Konfliktlösung“ (Schöllgen, G., S. 48)

6 Der Sudanvertrag steht am Beginn eines Prozesses, in dessen Verlauf Engländer und Franzosen ihre kolonialen Interessengegensätze abbauten und der mit der Entente cordiale (1904) seinen Höhepunkt fand.

vgl. 4.2.2

7 Das Deutsche Reich nutzte die Faschodakrise, um seinen Kolonialbesitz im Pazifik abzurunden (Samoa und Karolinen).

vgl. 4.2.3

6 China und der Boxeraufstand

s. Schöllgen, S. 50–52 und S. 57;
s. Alter, S. 193–195

„Der kranke Mann im Fernen Osten“

1 Das große und bevölkerungsreiche, aber militärisch schwache und innenpolitisch zerrüttete chinesische Kaiserreich zog seit der Jahrhundertmitte die Interessen der Industriestaaten auf sich:

„Der Markt der 400 Millionen“

1841 Abtretung Hongkongs an England nach der chinesischen Niederlage im „Opiumkrieg“

1860 Russische Besetzung der Amurprovinz

1885 Annexion Tongkings durch Frankreich
1886 Annexion Burmas durch England

2 Die Forderung der USA, dass China allen Mächten zur wirtschaftlichen Durchdringung offen stehen müsse („Politik der offenen Tür“) verhinderte schließlich die weitergehende Aufteilung Chinas und führte zum Abschluss so genannter „ungleicher Verträge“ (einseitige – nicht auf Gegenseitigkeit beruhende – Zugeständnisse Chinas an die imperialistischen Mächte). In derartigen Verträgen sichern sich die Industriestaaten in China:

- die Beteiligung an Bergwerken
- die Beteiligung an Eisenbahn- und Telegrafenlinien
- die Unterhaltung von Poststationen
- die Errichtung von Fabriken
- die Einrichtung von Handelsniederlassungen
- das zollfreie Einführen von Waren
- das Wohnen in exterritorialen Vierteln in den chinesischen Städten (insbesondere in Peking)
- eine eigene Gerichtsbarkeit

Der US-Außenminister John Hay (1899): „Die USA wünschen, dass alle Nationen vollständige Gleichheit bei der Behandlung ihres Handels und ihrer Schifffahrt innerhalb der (chinesischen) ‚Interessensphäre‘ genießen sollen.“ (Nach: Schönbrunn 1, S. 599)

3 China gerät in den Zustand einer Halbkolonie. „Der raffinierte Konkurrenzkampf der Kolonialmächte (verhütet), dass China auch formell einen Kolonialstatus hinnehmen muss.“ (Keller-Senn, Carl J.: China, Nürnberg 1974, S. 202)

4 Besonders gefährlich für die Integrität Chinas erweist sich das erstarkende Japan. Nach der Niederlage in der von Japan begonnenen militärischen Auseinandersetzung (1894/95) muss China Formosa an Japan abtreten und Korea in die Unabhängigkeit entlassen (Friede von Schimonoseki). Nur durch die Intervention Russlands und des Deutschen Reiches wird Japan von weitergehenden Forderungen an das besiegte China abgehalten.

vgl. 2.2.5

5 Als Ausgleich für die japanische Beute verlangen auch andere Mächte ihren Anteil: 1898 muss China Kiautschou an das Deutsche Reich, Port Arthur an Russland, Weihaiwei an England und Kuangchouwan an Frankreich abtreten.

Pachtvertrag über die Bucht von Kiautschou und den Hafen von Tsingtau mit dem Deutschen Reich auf 99 Jahre

6 Seit 1898 versuchte der junge chinesische Kaiser, sein Land nach japanischem Vorbild zu modernisieren und so widerstandsfähiger gegen weitere imperialistische Übergriffe zu machen.

vgl. 2.2.5

Dadurch wurden jedoch die traditionellen chinesischen Produktionsstrukturen und die Herrschaft der Mandarine bedroht. Eine Hofintrige führte zur Entmachtung des chinesischen Kaisers.

7 Nun gewinnt der Geheimbund der „Boxer" (Gesellschaft der rechtschaffenen Harmonie) wesentlichen Einfluss auf die Politik Chinas; die „Boxer" fordern die Rückkehr zu den alten Traditionen Chinas und setzen sich gegen die europäische Überfremdung und die anhaltende Ausbeutung zur Wehr. Sie betonen die Überlegenheit der jahrhundertealten chinesischen Kultur und Abgeschlossenheit des Landes und lehnen Industrialisierung und Verwestlichung strikt ab.

Aus einem Aufruf der Boxer (1900)

Fremde Teufel sind gekommen und haben durch ihre Lehre viele zu ihrem römischen oder protestantischen Glauben verleitet. Ihre Kirchen stehen außerhalb menschlicher Beziehungen; sie haben sich indessen mit viel Bosheit Ehrgeizige und Begierige zugeführt. Sie haben ohne Grenze ihre Kraft missbraucht, bis alle guten Beamten verdorben und ihre Diener geworden waren aus Begierde nach fremdem Reichtum. Der Telegraf und die Eisenbahnen sind eingerichtet worden, man hat Gewehr- und Geschützfabriken angelegt, und diese Anstalten verursachen den fremden Teufeln eine Freude der Bosheit voll; ebenso ist es mit den Lokomotiven, den Ballons und den elektrischen Lampen, Erfindungen, die diese fremden Teufel für vorzüglich halten. Obwohl ihr Rang ihnen dies Recht nicht gibt, lassen sie sich in Sänften tragen; China aber betrachtet sie doch als Barbaren, die Gott verdammen wolle. Geister und Genien steigen vom Himmel herab, um sie zu vernichten; die ersten dieser Himmelsmächte, die auf die Erde gekommen sind, das „Licht der roten Lampe" und die „Gesellschaft der Freiwilligen der geschlossenen Faust", werden die fremden Teufel bekämpfen. Die Freiwilligen werden die Häuser der Fremden verbrennen und die Tempel wiederherstellen.

(nach: Handbuch des Geschichtsunterrichts, Band V, Frankfurt 1965, S. 123)

Koalition gegen China im Boxerkrieg:
Frankreich, England, Russland, Deutsches Reich, Österreich, Japan, Italien und USA

8 Im Jahre 1900 schließen die „Boxer" das Europäerviertel in Peking ein; der deutsche Gesandte Klemens von Ketteler und andere Europäer werden ermordet.

9 Eine mächtige Koalition der imperialistischen Staaten wirft im Boxerkrieg die Aufständischen nieder. Die Führung wurde auf Wunsch der deutschen Regierung General Graf Waldersee übertragen, der allerdings erst nach der Beendigung der Kampfhandlungen in China eintraf.

Chinas Staatsschuld:

1895	*7 Millionen englische Pfund*
1914	*105 Millionen englische Pfund*

10 China wird die Zahlung einer hohen Kriegsentschädigung (450 Millionen Silberdollar) auferlegt; „Sühnegesandtschaften" müssen in den europäischen Hauptstädten Abbitte leisten; das System der „ungleichen Verträge" wird weiter ausgebaut („Boxer-Protokoll").

11 1911 stürzte die „jungchinesische Revolution" unter Führung des Arztes Sun Yatsen die Mandschu-Dynastie; China wurde Republik. Der innere Zerfall des Landes ging weiter.

12 Im Ersten Weltkrieg zwangen die Japaner China zum Eintritt in den Krieg gegen das Deutsche Reich auf der Seite der Entente. Japan richtete „21 Forderungen" an

China, deren Erfüllung eine weitgehende politische und wirtschaftliche Abhängigkeit von Japan bedeutete.

13 Von den Friedensverhandlungen nach dem Ersten Weltkrieg erhoffte sich China vergeblich die Rückgabe der Kolonien und die Aufhebung der ungleichen Verträge.

7 Die Marokkokrisen

1 Die Marokkokrisen von 1905/06 und 1911 weisen charakteristische Gemeinsamkeiten auf:

s. Schöllgen, S. 52; s. Alter, S. 198 f.

- In beiden Krisen reagierte das Deutsche Reich auf die Ausdehnung des französischen Einflusses in Marokko („Wettlauf um die Märkte in Nordafrika").
- In beiden Fällen errang Deutschland zwar einen gewissen Prestigeerfolg, musste aber unter dem Druck Englands und anderer Mächte von weitergehenden Forderungen Abstand nehmen.
- Es gelang der deutschen Politik weder 1905/06 noch 1911, einen Keil zwischen die englisch-französische Entente zu treiben.
- In beiden Marokkokrisen geriet Europa an den Abgrund eines Krieges. Die beiden Krisen gehören deshalb bereits zur Vorgeschichte des Ersten Weltkrieges.

„Unsere Imperialisten (blieben entschlossen), und sei es auf die Gefahr eines großen Krieges in Europa, den einmal gewählten Kurs unverändert weiter zu verfolgen." (Dehio, Ludwig, in: Wehler, H.-U.: Imperialismus, S. 317)

2 Als Frankreich im Jahre 1905 im Vertrauen auf die kurz zuvor abgeschlossene Entente cordiale zur „friedlichen Durchdringung" Marokkos ansetzte, landete der deutsche Kaiser in Tanger und verkündete in einer viel beachteten provokativen Rede die Freiheit Marokkos und das Prinzip der „offenen Tür" für Marokko.

Aus der Rede Kaiser Wilhelms II. in Tanger:
„Ich grüße Seine Majestät, den Sultan, als unabhängigen Herrscher und hoffe, dass unter seiner Herrschaft ein freies, souveränes Marokko der friedlichen Konkurrenz aller Mächte ohne Monopole und Ausschließung geöffnet wird." (nach: Hoffmann, Joachim: Der Imperialismus und der Erste Weltkrieg, Frankfurt 1965, S. 39)

3 Die Hauptmächte einigten sich darauf, den Streitfall auf einer internationalen Konferenz beizulegen (Konferenz von Algeciras in Spanien); es kam zu folgender Lösung:

- Bestätigung des Grundsatzes der „offenen Tür"
- Duldung der französischen Einflussnahme
- Intensivierung der englisch-französischen Annäherung

4 Die zweite Marokkokrise (1911) hatte ihren Grund im Protest des Deutschen Reiches gegen das militärische Eingreifen Frankreichs in innere Unruhen Marokkos (Besetzung der Hauptstadt Fez). Die deutsche Reichsregierung entsandte das Kanonenboot „Panther" in den Hafen von Agadir.

„Panthersprung nach Agadir"

„Kanonenboot-Diplomatie"

5 England versetzte seine Marine in den Alarmzustand und drohte Deutschland mit einer militärischen Auseinandersetzung; deshalb begnügte sich Deutschland – im Widerspruch zu den ursprünglichem, sehr weit reichenden Forderungen – mit einer Erweiterung seiner Kolonie Kamerun auf Kosten von Französisch-Äquatorialafrika.

Ein Urteil über die deutsche Politik während der Marokkokrisen

Die Marokkokrisen wurden von Deutschland künstlich geschaffen... Die internationale Konferenz (Algeciras) wurde von Deutschland nicht verlangt, um die marokkanische Frage zu lösen, sondern um die deutsche Macht zu demonstrieren...
Das Urteil über die deutsche Weltpolitik muss hart ausfallen. Die deutsche Weltpolitik war ein künstliches Produkt. Deutschlands Weltkarte lag, wie Bismarcks Karte von Afrika ein paar Jahre vorher, in Europa. Deutschland hatte gegenüber den anderen Großmächten außerhalb Europas keine Lebensinteressen zu verteidigen... Seine Lebensinteressen lagen in Europa, politisch wie wirtschaftlich, sie hießen Sicherheit und noch einmal Sicherheit für ein Land, das zwischen zwei feindlichen Nachbarn eingekeilt war, sie durften nicht aufs Spiel gesetzt werden um eines minimalen Anteils am marokkanischen... Markt willen oder um die deutsche Flagge überall zwischen Agadir in Marokko und Apia auf Samoa zu zeigen... Die Kritik richtet sich dagegen, dass der deutsche Anspruch auf Teilhabe an der Weltherrschaft zu laut, unbedacht und rücksichtslos vorgetragen wurde, dass man kein Augenmaß für die auf dem Wege nach oben liegenden Gefahren und Schwierigkeiten sah..., kurzum, dass man den Bogen sogleich überspannte, kaum dass man in die Arena der Weltpolitik eingestiegen war.

(Baumgart, W., S.52 f.)

Anregungen zur Wiederholung und Vertiefung

a) Fassen Sie die einzelnen in diesem Kapitel dargestellten Ereignisse stichwortartig zusammen.
b) Erläutern Sie die unterschiedlichen Formen imperialistischer Herrschaft.
c) Erarbeiten Sie die Interessengegensätze und -überschneidungen der imperialistischen Mächte.
d) Beschreiben Sie jeweils die Methoden der Konfliktaustragung und -bewältigung und erörtern Sie die Bedeutung der einzelnen Konflikte für die Mächtekonstellation am Beginn des Ersten Weltkrieges.
e) Zeigen Sie anhand der Karten die Stellung der imperialistischen Mächte in den umstrittenen Gebieten.
f) Erläutern Sie an ausgewählten Beispielen, inwiefern die Situation in den umstrittenen Gebieten vor der Annexion als eine Herausforderung für die imperialistischen Mächte gedeutet werden kann.

Die Außenpolitik des Deutschen Reiches im Zeitalter des Imperialismus

4

1 Problemstellung und Übersicht

1 „Das Hauptgewicht ruht bei dem Begriff der (deutschen) konstitutionellen Monarchie auf dem Substantiv… Um eine ‚Königsherrschaft' handelte es sich durchaus. Der preußische Monarch kontrollierte nicht nur im Hegemonialstaat (Preußen), der zwei Drittel des Reiches ausmachte, die drei Säulen des absolutistischen Staates: Heer, Bürokratie und Diplomatie, sondern als Reichsmonarch den Verwaltungsapparat der neuen Reichsbehörden, das Militär und die Außenpolitik… Institutionell blieb damit, verfassungsrechtlich abgeschirmt, das Machtgefüge des absolutistischen Staates erhalten." (Wehler, H. U.: Das deutsche Kaiserreich, S. 62)

2 „(Das Deutsche Reich) war insofern nicht im vollen Besitz der Hegemonie, als es allein den übrigen Großmächten, wenn diese zusammenhielten, nicht gewachsen war… Immerhin besaß es die Möglichkeit, sich als Führungsmacht einer Staatenkoalition ein Übergewicht zu sichern." (Schieder, Th., S. 231)

3 „Außerstande, angesichts des ungestümen Imperialismus der anderen Großmächte, den rein defensiven Charakter seines ursprünglichen Bündnissystems aufrecht zu erhalten…, wollte Bismarck die imperialistischen Energien der anderen Mächte gegeneinander ausspielen, um selbst der lachende Dritte zu sein… Auf lange Frist war eine solche Taktik mit großen Risiken verbunden, barg sie doch die Gefahr in sich, dass die Glaubwürdigkeit der deutschen Politik erschüttert wurde." (Mommsen, W. J.: Zeitalter des Imperialismus, S. 156)

4 „Der Gedanke, Englands Position zur See durch Risikovergrößerung entscheidend schwächen zu können, (war) ebenso verfehlt wie Deutschlands ‚Griff nach der Weltmacht' insgesamt. Aber schon die Absicht, die sich hinter beidem verbarg, weckte Misstrauen und provozierte Abwehrmaßnahmen – wie immer die deutsche Politik im Einzelnen aussehen mochte." (Görtemaker, M., S. 312)

5 „Drohgebärden wie Flottendemonstrationen und martialische Reden des Kaisers… festigen nach dem Scheitern deutsch-englischer Verhandlungen über einen Modus Vivendi in der Flottenfrage den Zusammenhalt der 1904 und 1907 entstandenen Entente Großbritanniens mit seinen bisherigen Erzrivalen Frankreich und Russland. Deutschland sieht sich zunehmend auf die alleinige Bundesgenossenschaft der Donaumonarchie verwiesen, die ... vor schweren Belastungsproben steht." (Bollmann, P. u.a.: Kleine Geschichte der Deutschen, Stuttgart 1984, S. 148)

6 „Die Einsicht, dass die argwöhnisch beobachtete aufsteigende Großmacht ihre ‚Weltpolitik' erfolgreich und vergleichsweise sicher nur in enger Anlehnung an England oder Russland treiben konnte, war deutschen Politikern, jedenfalls in diesem Zeitpunkt (Jahrhundertwende) fremd ... Die Bindung an Österreich-Ungarn (war) inzwischen zu einem derart irreversiblen Faktor der deutschen Politik geworden, dass die politische Entscheidung im Grunde bereits bei dem schwächeren Partner lag, ein Tatbestand, der dann im Juli 1914 weit reichende Folgen haben sollte." (Schöllgen, G., S. 62 u. S. 67)

7 „In der öffentlichen Meinung der anderen europäischen Nationen entwickelte sich das Bewusstsein einer Bedrohung, die weniger an den Zielen der deutschen Außenpolitik als am Stil des forschen Auftretens und Auftrumpfens immer aufs Neue eine scheinbare Bestätigung fand." (Hillgruber, A., in: Stürmer, M. u.a.: Das Deutsche Kaiserreich, S. 58)

Zeittafel zur deutschen Außenpolitik

1871 Gründung des Deutschen Reiches/Kaiserproklamation in Versailles/Frieden von Frankfurt: Abtretung Elsass-Lothringens
1871–1890 Reichskanzler Otto von Bismarck
1878 Berliner Kongress: Neuordnung auf dem Balkan
1879 Deutsch-österreichischer Zweibund
1882 Gründung des Kolonialvereins
1884/1885 Kongo-Konferenz in Berlin
1884 Gründung der deutschen Kolonien Deutsch-Südwestafrika, Kamerun und Togo
1885 Gründung der deutschen Kolonie Deutsch-Ostafrika
1887 Rückversicherungsvertrag zwischen dem Deutschen Reich und Russland („Geheimes Zusatzabkommen")
1890–1918 Kaiser Wilhelm II.
1890 Sansibar-Vertrag mit England/Nichterneuerung des Rückversicherungsvertrags
1891 Gründung des Alldeutschen Verbandes
1895 „Krüger-Depesche"
1898 Erste Flottenvorlage/Gründung des Flottenvereins/Erwerb der Kolonie Kiautschou an der chinesischen Ostküste

1898–1901 Deutsch-britische Bündnissondierungen
1903 Baubeginn der Bagdadbahn (maßgebliche Beteiligung des Deutschen Reiches)
1905/06 1. Marokko-Krise (Tangerlandung Kaiser Wilhelms II.; Konferenz von Algeciras)
1908/09 „Nibelungentreue" gegenüber Österreich-Ungarn in der Bosnien-Krise
1911 2. Marokko-Krise („Panthersprung nach Agadir")

2 Einzelne Aspekte der deutschen Außenpolitik

2.1 Die Situation nach der Reichsgründung

1 Mehrere außenpolitische Faktoren hatten zur Gründung des Deutschen Reiches am 18. Januar 1871 beigetragen:
- Die Ausschaltung Österreichs durch den Krieg von 1866,
- die Begründung des Norddeutschen Bundes unter Führung Preußens und der Abschluss von Bündnisverträgen zwischen dem Norddeutschen Bund und den deutschen Staaten südlich der Mainlinie,
- die Schaffung eines freundschaftlichen Verhältnisses mit Russland, das auf die Unterstützung seiner Balkanambitionen hoffte,
- das britische Interesse an einem kontinentalen Gleichgewicht,
- die Niederlage Frankreichs im Krieg von 1870/71,
- die nationale Begeisterung in Deutschland nach den Siegen der deutschen Armeen.

Bismarck: „Deutschland (ist) vielleicht die einzige große Macht in Europa, die durch keine Ziele, die nur durch siegreiche Kriege zu erreichen wären, in Versuchung geführt wird. Unser Interesse ist es, den Frieden zu erhalten." (Gedanken und Erinnerungen, Stuttgart 1952, S. 484)

2 Folgende Herausforderungen belasteten die Außenpolitik des neu gegründeten Deutschen Reiches:
- Die Revanchepolitik Frankreichs, die sich als eine Konstante bis zum Ausbruch des Ersten Weltkrieges durch die Ereignisse hindurchzieht,
- die Gefahr von Bündniskonstellationen, die – angesichts der Mittellage des Reiches – auf eine „Einkreisung" Deutschlands hinauslaufen konnten,
- das Konfliktpotenzial zwischen der Donaumonarchie und Russland, aus welchem eine Lage entstehen konnte, in der die deutsche Politik zu einer eindeutigen Parteinahme gezwungen war,
- das Drängen einflussreicher Militärs und Industrieller nach einer aktiven Kolonial- und Weltmachtpolitik,
- das Bestehen eines virulenten Nationalismus im deutschen Mittelstand und bei Teilen der Arbeiterschaft.

s. Alter, S. 170 f.

„Der Doppelstrategie (Abschluss von Bündnissen und kontrollierte Interessenkonflikte) konnte nur so lange Erfolg beschieden sein, als man einerseits keinen der Partner… ernsthaft brüskierte und andererseits nicht selbst in ‚weltpolitischen' Fragen aktiv wurde." (Schöllgen, G., S. 58)

„Berlin (verband) die Politik der Stärke gegenüber Frankreich bis etwa 1890 mit dem Versuch, die französische Öffentlichkeit durch Förderung französischer Expansion in Nordafrika von der ‚Revanche' abzulenken."
(Stürmer, M. u. a.: Das Deutsche Kaiserreich, S. 7)

Russische Getreideexporte (in Millionen Pud = 16,38 kg; Zahlen gerundet):

	nach Frankreich	nach Deutschland
1887	16 000	13 000
1890	26 000	10 000
1893	35 000	3 000

(nach: Deininger, H., S. 230)

s. Schöllgen, S. 46

3 Bismarck reagierte auf diese Situation zunächst mit einer um Vertrauen bemühte Außenpolitik, indem er die Friedensbereitschaft des Deutschen Reiches betonte („Deutschland ist saturiert"); gleichzeitig steigerte er jedoch die deutsche Verteidigungsfähigkeit.

4 Es gelang Bismarck, – trotz zeitweiliger Krisen – die Isolierung Frankreichs aufrecht zu erhalten und ein einigermaßen entspanntes Verhältnis zu den europäischen Flügelmächten (England und Russland) herzustellen.

5 Infolge der Enttäuschung der russischen Politiker über die Ergebnisse des Berliner Kongresses und weil die Reichsregierung 1879 – dem Druck der ostelbischen Großgrundbesitzer und der Industrie nachgebend – zur Schutzzollpolitik überging, verschlechterte sich vorübergehend das deutsch-russische Verhältnis. Auf Dauer gesehen leitete die Schutzzollpolitik Bismarcks die Annäherung Russlands an Frankreich ein.

Bismarcks Idee der deutschen Gleichgewichtspolitik

Kissinger Diktat vom 15. Juni 1877 (Auszug)

Ich wünsche, dass wir, ohne es auffällig zu machen, doch die Engländer ermutigen, wenn sie Absichten auf Ägypten haben: ich halte es in unserem Interesse und für unsere Zukunft für eine nützliche Gestaltung, einen Ausgleich zwischen England und Russland zu fördern, der ... demnächst Freundschaft beider mit uns in Aussicht stellt. Ein solches Ziel bleibt vielleicht unerreicht, aber wissen kann man das auch nicht. Wenn England und Russland auf der Basis, dass Ersteres Ägypten, Letzteres das Schwarze Meer hat, einig würden, so wären beide in der Lage, auf lange Zeit mit Erhaltung des Status quo zufrieden zu sein, und doch wieder in ihren größten Interessen auf eine Rivalität angewiesen, die sie zur Teilnahme an Koalitionen gegen uns ... kaum fähig macht.
Ein französisches Blatt sagte neulich von mir, ich hätte „le cauchemar des coalitions"; diese Art Alp wird für einen deutschen Minister noch lange, und vielleicht immer, ein sehr berechtigter bleiben. Koalitionen gegen uns können auf westmächtlicher Basis mit Zutritt Österreichs sich bilden, gefährlicher vielleicht noch auf russisch-österreichisch-französischer; eine große Intimität zwischen zweien der drei letztgenannten Mächte würde der Dritten unter ihnen jederzeit das Mittel zu einem sehr empfindlichen Drucke auf uns bieten. In der Sorge vor diesen Eventualitäten, nicht sofort, aber im Lauf der Jahre, würde ich als wünschenswerte Ergebnisse der orientalischen Krisis für uns ansehn:

1. Gravitierung der russischen und der österreichischen Interessen und gegenseitigen Rivalitäten nach Osten hin,
2. der Anlass für Russland, eine starke Defensivstellung im Orient und an seinen Küsten zu nehmen, und unseres Bündnisses zu bedürfen,
3. für England und Russland ein befriedigender Status quo, der ihnen dasselbe Interesse an Erhaltung des Bestehenden gibt, welches wir haben,
4. Loslösung Englands von dem uns feindlich bleibenden Frankreich wegen Ägyptens und des Mittelmeers,
5. Beziehungen zwischen Russland und Österreich, welche es beiden schwierig machen, die antideutsche Konspiration gegen uns gemeinsam herzustellen.

Wenn ich arbeitsfähig wäre, könnte ich das Bild vervollständigen und feiner ausarbeiten, welches mir vorschwebt: nicht das irgend eines Ländererwerbes, sondern das einer politischen Gesamtsituation, in welcher alle Mächte außer Frankreich unser bedürfen, und von Koalitionen gegen uns durch ihre Beziehungen zueinander nach Möglichkeit abgehalten werden.

(nach: Schönbrunn 1, S. 454)

2.2 Bismarcks Bündnissystem

1 In der Fachwissenschaft werden der Berliner Kongress (1878) und der Abschluss des deutsch-österreichischen Zweibundes (1879) als die entscheidende Wende der Außenpolitik Bismarcks angesehen: Von jetzt an wird das europäische Mächtesystem durch ein kompliziertes Bündnissystem strukturiert.

s. Schöllgen, S. 58;
s. Alter, S. 172–175

2 Von vornherein verfolgte Bismarck dabei das Ziel, – über den Zweibund hinaus – weitere Mächte durch entsprechende Abkommen an das Deutsche Reich zu binden und von einem Bündnis mit Frankreich abzuhalten.

3 Das Prinzip dieses Systems war es, dass es sich durchweg um Verteidigungsbündnisse handelte und der Bündnisfall nicht gegeben war, wenn einer der Partner von sich aus aggressiv handelte.

Dabei manifestierte „sich die hegemoniale Struktur der Reichspolitik nicht in direkten Abhängigkeiten und Trabantenstellungen, sondern in konzentrischen Kreisen von Bündnisbeziehungen, in deren Mitte der Zweibund und der Dreikaiservertrag standen“ (Schieder, Th. Staatensystem, S. 239).

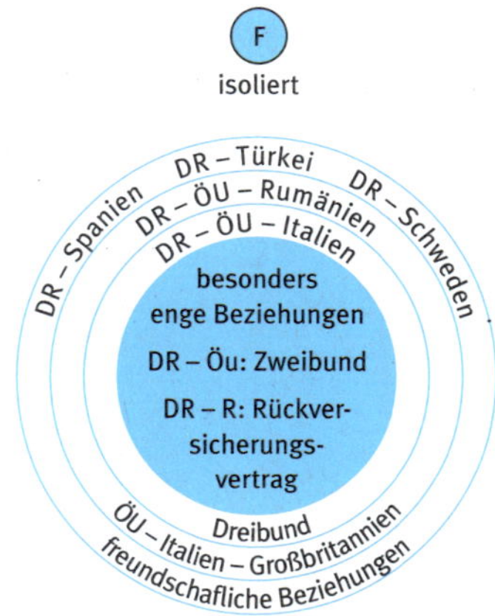

Die Intensität der Außenbeziehungen des Deutschen Reiches zur Zeit Bismarcks

4 Das bismarcksche Bündnissystem setzt sich aus folgenden Elementen zusammen:

1879 Zweibund zwischen dem Deutschen Reich und Österreich-Ungarn: Verteidigungsbündnis für den Fall eines Angriffes gegen einen der beiden Vertragspartner; Zusicherung der „wohlwollenden“ Neutralität beim Angriff einer anderen Macht (bis 1918).

1881 Dreikaiserbündnis zwischen dem Deutschen Reich, Österreich-Ungarn und Russland: Neutralitätsabkommen; Abstimmung der Interessen bei etwaigen Veränderungen auf dem Balkan (1884 erneuert, 1887 erloschen, jedoch teilweise durch den Rückversicherungsvertrag ersetzt).

1882 Dreibund zwischen dem Deutschen Reich, Österreich-Ungarn und Italien: Defensivvertrag (insbesondere für den Fall eines Angriffs Frankreichs gegen Italien bzw. auf Deutschland [bis 1914]).

1887 Rückversicherungsvertrag mit Russland: Neutralitätsvertrag für den Fall eines französischen Angriffs gegen das Deutsche Reich bzw. eines österreichischen Angriffs gegen Russland.

Bismarck in einem Schreiben an Kaiser Wilhelm I. (1881):
„Wir dürfen den Frieden unserer beiden Nachbarn auf Jahre hinaus als gesichert ansehen.“
(nach: Görtemaker, M., S. 260)

vgl. 2.2.3

Zusatzprotokoll:
Wohlwollende Neutralität Deutschlands für den Fall, dass das Zarenreich den Zugang zum Schwarzen Meer selbst in die Hand nehmen will.
(1890 nicht erneuert)

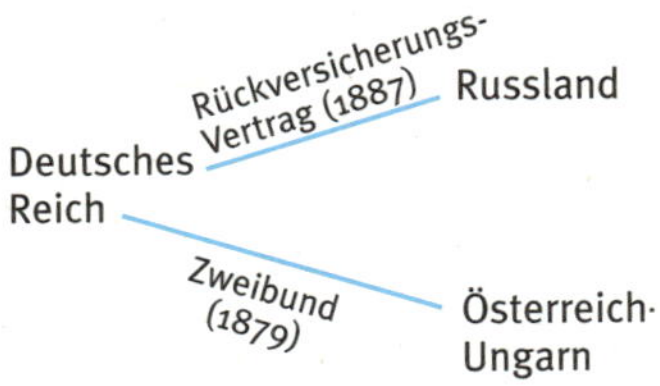

5 Die komplizierte Kombination des Zweibundes, des Mittelmeerabkommens und des Rückversicherungsvertrags war nötig geworden, weil die Gegensätze zwischen Österreich und Russland auf dem Balkan einer Erneuerung des Dreikaiserabkommens von 1881 entgegenstanden, andererseits aber Bismarck die Friedensbereitschaft sowohl Russlands als auch Österreichs dadurch stabilisieren wollte, dass er beiden Staaten im Falle eines Angriffskrieges die deutsche Unterstützung für den Angegriffenen androhte („Prämie für Wohlverhalten"). Durch den Rückversicherungsvertrag und den Zweibund hielt Bismarck also die beiden um die Vormachtstellung auf dem Balkan rivalisierenden Staaten davon ab, sich aggressiv gegeneinander zu verhalten.

Die Bündnissysteme 1890

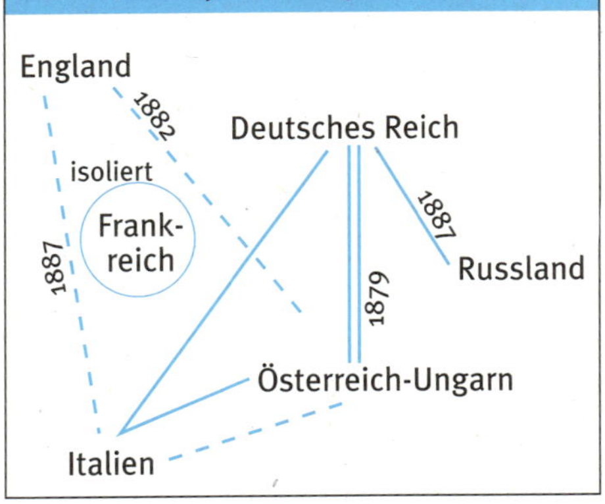

Die Bündnissysteme 1907

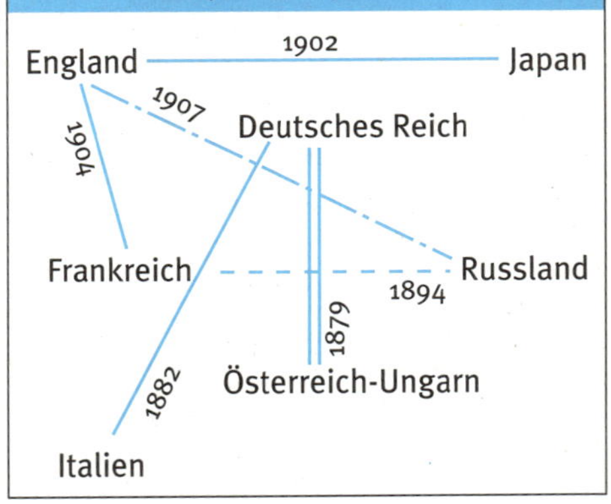

„Ein System von Aushilfen, um den allgemeinen Krieg zu vermeiden." (Schieder, Th.: Staatensystem, S. 249)

6 Unauflösbar bleibt der Widerspruch zwischen dem „streng geheimen Zusatzprotokoll" des Rückversicherungsvertrages, in welchem das Deutsche Reich Russland die diplomatische Unterstützung für den Fall anbot, dass Russland die Meerengen in Besitz nahm, und dem im gleichen Jahre – auf Betreiben Bismarcks – zustande gekommenen Mittelmeerabkommen, das den Status quo an den Meerengen sichern sollte. „Die diplomatische Meisterschaft Bismarcks war gleichsam am Ende ihrer Möglichkeiten angelangt." (Mommsen, W. J.: Zeitalter des Imperialismus, S. 156)

Ganz geheimes Zusatzprotokoll (zum Rückversicherungsvertrag) 1887

In dem Falle, dass Seine Majestät der Kaiser von Russland sich in die Notwendigkeit versetzt sehen sollte, zur Wahrung der Interessen Russlands selbst die Aufgabe der Verteidigung des Zugangs zum Schwarzen Meere zu übernehmen, verpflichtet sich Deutschland, seine wohlwollende Neutralität zu gewähren und die Maßnahmen, die Seine Majestät für notwendig halten sollte, um den Schlüssel seines Reiches in der Hand zu halten, moralisch und diplomatisch zu unterstützen.

Aus dem Mittelmeerabkommen 1887

Die Türkei wird, da sie durch die Verträge als Hüterin der Meerengen eingesetzt ist, weder einen Teil ihrer Souveränitätsrechte abzutreten in der Lage sein noch ihre Autorität in Kleinasien einer anderen Macht übertragen können.

(Vertrags-Ploetz Teil II, Band 3, Würzburg 1958, S. 371 und 373)

2.3 Die deutsche Kolonialpolitik

1 Die Mittellage des Deutschen Reiches, die imperialistischen Empfindlichkeiten der europäischen Flügelmächte und das französische Revanchedenken legten es der deutschen Politik nahe, auf den Erwerb von Kolonien entweder ganz zu verzichten oder nur dann zu einer kolonialen Expansion zu schreiten, wenn Interessen anderer Mächte nicht berührt wurden.

s. Alter, S. 183 f.

Bismarck (1880): „Meine Karte von Afrika liegt in Europa. Hier liegt Russland, und hier liegt Frankreich, und wir sind in der Mitte, das ist meine Karte von Afrika." (Gesammelte Werke, Berlin 1926, S. 646)

2 Bismarcks ursprüngliches Konzept sah deshalb zwar den Erwerb überseeischer Gebiete durch private Kaufleute oder durch Handelsgesellschaften vor, er vermied es aber lange Zeit, diese Gebiete einer staatlichen deutschen Verwaltung zu unterstellen, um jegliche Provokation gegenüber den übrigen Großmächten zu vermeiden. „Unbeirrbar verfolgte Bismarck … seine Richtschnur behutsamer Rücksichtnahme auf mögliche fremde Interessen bei der Förderung deutscher Interessen in Übersee." (Wehler, H.-U.: Bismarck, S. 269)

Bismarck (1881): „Solange ich Reichskanzler bin, treiben wir keine Kolonialpolitik." (nach: Steltzer, H. G., S. 21)

3 Auf dem Berliner Kongress (1878) versuchte der Kanzler, die Aktivitäten der Großmächte an die Peripherie zu verlagern (Russland: Batum und Kars in Asien, Frankreich und Italien: freie Hand in Nordafrika).

vgl. 3.2.2

4 Dass die deutsche Politik schließlich 1884/85 doch zum Erwerb von Kolonien überging, wird von der Geschichtswissenschaft folgendermaßen begründet:

Mitgliederstand des Deutschen Kolonialvereins (1885): 15 000

- Die entspannte Situation der Jahre 1884–1887 ermöglichte dem Deutschen Reich eine aktive Kolonialpolitik (1884: Erneuerung des Dreikaiserabkommens).
- „Großbritannien war in jener Zeit in außenpolitischer Bedrängnis. Seine Auseinandersetzungen mit Frankreich in der Ägyptenfrage und sein Streit mit Russland

Carl Peters (deutscher Kolonialpolitiker): „Es gilt das Versäumnis von Jahrhunderten gutzumachen." (Nach: Krätschell, Hermann: Carl Peters, Berlin 1959, S. 17)

um Afghanistan gaben Bismarck willkommene Gelegenheit, die politische Situation zu nutzen.“ (Steltzer, H. G., S. 30)

vgl. 7

- Die wirkungsvolle Propaganda der Kolonialverbände blieb bei der deutschen Bevölkerung nicht ohne Resonanz und musste deshalb vom Reichskanzler aufgegriffen werden („Kolonialchauvinismus“).
- Die Gründung von Kolonien entsprach vermeintlichen deutschen Wirtschaftsinteressen.
- Die sozialen Spannungen sollten durch das Ventil der kolonialen Erwerbungen kanalisiert werden, indem man die Arbeiterschaft durch neue, alle Kräfte des Volkes in Anspruch nehmende Aufgaben von ihrer misslichen sozialen Lage ablenkte („Sozialimperialismus“).
- „Der Kolonialenthusiasmus lässt sich auch als eine spezifische Krisenideologie begreifen, welche die emotionalen Spannungen ..., die damals wie später der Tiefkonjunktur entsprangen und sie begleiteten“, auf außenpolitische Ziele hin umlenkte (Wehler, H.-U.: Bismarck, S. 470).

Kolonialerwerbungen bis 1890:
1884 Deutsch-Südwestafrika
1885 Deutsch-Ostafrika, Togo und Kamerun
1885 Kaiser-Wilhelms-Land und Bismarck-Archipel (Neuguinea)

vgl. 6.2.5

5 Kaiser Wilhelm II. gab der deutschen Kolonialpolitik eine neue – verhängnisvolle – Richtung: Der Erwerb von Kolonien galt jetzt als ein Mittel, dem Deutschen Reich die angestrebte Weltmachtstellung zu verschaffen. Die Absicht, das Kolonialreich zu erweitern und den deutschen Einfluss in Übersee zu verstärken, wurde jetzt offen vorgetragen.

Schöllgen, S. 60 f.

Kaiser Wilhelm II. vor der Deutschen Kolonialgesellschaft (1896): „Kolonialpolitik ist nur ein Teil der Weltpolitik, die das Deutsche Reich befolgen muss, um seine kontinentale Stellung zu sichern.“ (Nach: Steltzer, H. G., S. 176)

6 Während die Kolonialpolitik Bismarcks die europäische Situation nie aus den Augen verloren hatte und die Verstimmung Großbritanniens möglichst gering zu halten versuchte, brüskierte die deutsche Expansionspolitik seit 1894 rücksichtslos die englischen Interessen.

„Deutsche Kolonialpolitik blieb auch unter Wilhelm II. im Wesentlichen ein rhetorischer Kraftakt.“ (Görtemaker M., S. 297)

7 Die Regierung der einzelnen Kolonien übertrug der Kaiser einem Gouverneur. Die Zahl der deutschen Kolonialbeamten und die Zahl der dort eingesetzten deutschen Soldaten war relativ gering; sowohl zu untergeordneten Verwaltungsaufgaben als auch zum Heeresdienst zog man Eingeborene heran.

1907 Einrichtung des „Reichskolonialamtes“

Größe des deutschen Kolonialreiches (ohne Mutterland) 1909 (Zahlen gerundet): 2,5 Millionen Quadratkilometer mit zusammen 12,4 Millionen Einwohnern

8 Die Verwaltung der deutschen Kolonien verfolgte vorrangig wirtschaftliche Ziele; dazu war man auf die Zusammenarbeit mit den Eingeborenen bzw. deren Häuptlingen angewiesen. Sitten, Brauchtum und Sozialstrukturen der Kolonialbevölkerungen wurden weitgehend geschont.

Eine nennenswerte schulische Bildung fand ausschließlich in den Missionsschulen statt.

9 „Die (deutschen) Kolonialherren gingen davon aus, dass alle innerhalb der kolonialen Grenzen siedelnden Afrikaner sich bedingungslos der Kolonialmacht und ihren Gesetzen unterordneten" (v. Albertini, R., S. 308). Dabei war es durchaus üblich, gegenüber ungehorsamen Untergebenen Gebrauch von der Peitsche zu machen.

10 Wegen der unmenschlichen Behandlung der Eingeborenen kam es in Deutsch-Südwestafrika zu einem Aufstand gegen die deutschen Kolonialherren: Herero- und Hottentottenaufstand (1904). Die tiefere Ursache lag in der Absicht der deutschen Regierung, in Südwestafrika eine Siedlungskolonie für deutsche Auswanderer einzurichten und den Lebensraum der Schwarzen auf Reservate zu beschränken. Der Aufstand wurde in einem drei Jahre dauernden Krieg blutig niedergeschlagen.

Kosten der Niederschlagung des Hottentottenaufstandes (1904–1907): über 400 Millionen Mark

11 Die deutsche Kolonialherrschaft blieb „im großen Kontinuum der Geschichte … eine bloße Episode. Mit der Niederlage im Ersten Weltkrieg hat Deutschland seine nicht viel mehr als dreißig Jahre früher gewonnenen Kolonien wieder verloren." (v. Albertini, R., S. 302)

vgl. 7.2

Joachim Graf Pfeil auf dem „Allgemeinen Kongress zur Förderung überseeischer Interessen" in Berlin (1886)

Es fehlt dem Neger die Grundlage für das Angebot europäischer Arbeit, der Erwerbstrieb… Muss aber der Europäer arbeiten, so liegt sofort die Frage nahe, warum soll es der Neger nicht. Unsere Ansichten über den Neger waren bisher eigentümlich verschroben. Ansprüche, die man an die unteren Volksklassen der Europäer erhob, … verschrie man sofort als Rohheit, wenn sie an den Neger gestellt wurden, gerade als ob der Neger ein zu besonders zarter Behandlung berechtigtes höheres Wesen sei… Solche Anschauungen über den Neger stammen noch aus der Zeit des unseligen Humanitätsdusels.
Bei einiger Geschicklichkeit im Umgang mit Negern kann es nicht schwer halten, den Häuptling eines… kriegerischen Stammes zum Verbündeten zu gewinnen. Er und sein Volk werden von der allgemeinen Arbeitsleistung dispensiert, übernehmen jedoch die Verpflichtung, andere Stämme, die bei der Stellung von Arbeitern sich saumselig erweisen… nötigenfalls mit bewaffneter Hand zu veranlassen."

(nach: Helbig, L., Deutschland 79–81)

2.4 Der „Neue Kurs"

1 Die Entlassung Bismarcks (1890) wurde in Europa als tiefe politische Zäsur verstanden („Der Lotse geht von Bord"). Obwohl er die Großmächte durch manche Winkelzüge im Reichsinteresse gereizt hatte, traute man ihm am ehesten die Bewahrung des europäischen Friedens zu.

s. Schöllgen, S. 21 und S. 58 f.; s. Alter, S. 177 und S. 195 f.

Reichskanzler von Bülow im Deutschen Reichstag (1897): „Mit einem Wort: wir wollen niemanden in den Schatten stellen, aber wir verlangen auch unseren Platz an der Sonne.“ (nach: Stürmer, M. u. a.: Das Deutsche Kaiserreich, S. 53)

Carl Peters, Begründer der Gesellschaft für deutsche Kolonisation

Steigerung der Rüstungsausgaben (Millionen Mark; Zahlen gerundet):

1880–85	*460*
1891–95	*740*
1901–05	*1100*
1911–13	*1600*

(Nach: Wehler, H.-U.: Das deutsche Kaiserreich, S. 145)

Deutsche Agitationsvereine:
Deutscher Kolonialverein
Deutscher Flottenverein
Deutscher Wehrverein
Alldeutscher Verband

2 Der unter Wilhelm II. die Richtschnur politischen Handelns bildende „Neue Kurs“ lässt sich folgendermaßen charakterisieren:
- Forderung nach einer imperialen Weltmachtstellung des Deutschen Reiches,
- Verzicht auf das komplizierte bismarcksche Bündnissystem (trotz des russischen Drängens wurde der Rückversicherungsvertrag nicht erneuert),
- Vertrauen auf die eigene militärische und politische Kraft,
- forcierte Flottenrüstung (mehrere Flottenvorlagen im Deutschen Reichstag),
- „Militarisierung maßgeblicher Gruppen der Gesamtgesellschaft“ (Wehler, H.-U.: Das Deutsche Kaiserreich, S. 158),
- nachhaltige Unterstützung der Balkanpolitik Österreich-Ungarns (unter Vernachlässigung des „guten Drahtes nach Petersburg“),
- Drohung mit Waffeneinsatz als Mittel der Diplomatie,
- erheblicher Einfluss politischer Agitationsvereine („Expansionsagitation“).

3 Die Geschichte der deutschen Außenpolitik zwischen 1890 und 1914 lässt sich in drei Phasen einteilen:
1. bündnispolitischer Zickzackkurs zwischen Russland und England (1890–1901),
2. wachsende Isolierung in Europa (1901–1906),
3. sich verhärtende Konfrontation mit den übrigen Mächten (1906–1914).

(nach: Baumgart, W., S. 84)

4 Nach der Jahrhundertwende stieg das Deutsche Reich zur stärksten Industriemacht Europas auf; es verfügte über weit gespannte Handelsbeziehungen – auch nach Übersee. Da die afrikanischen und pazifischen Kolonien nur einen geringen wirtschaftlichen Wert besaßen, richtete sich das deutsche Interesse vor allem auf die Türkei.
Vier Faktoren begünstigten den Aufstieg des Deutschen Reiches:
- Reichtum an Steinkohle (wichtigste Energiequelle)
- fortschrittliches Bildungswesen (insbesondere auf gewerblichem und technischem Gebiet)
- hoher Stand der naturwissenschaftlichen Grundlagenforschung
- großzügige Bereitstellung von Investitionsmitteln durch die Banken

(nach: Born, K. E.: Wirtschafts- und Sozialgeschichte des Deutschen Kaiserreichs, Stuttgart 1985, S. 147)

5 Das wirtschaftliche Engagement Deutschlands in der Türkei und die maßgebliche finanzielle Beteiligung deutscher Banken am Bau der Bagdadbahn (seit 1903) wurden von England und Russland als eine Bedrohung ihrer Einfluss-Sphären aufgefasst und führten zu deren Verbindung gegen das Deutsche Reich.

Anteile an der Staatsschuld der Türkei (1914)
Frankreich: 50 %
Deutsches Reich: 20 %
England: 7 % (1881: 29 %)

6 Als 1896 ein britischer Annexionsversuch (Jameson-Ride) von den Burenstaaten Transvaal und Oranje abgewehrt worden war, sandte der deutsche Kaiser einen Glückwunsch an den Präsidenten der Burenrepubliken („Krüger-Telegramm") und verstimmte dadurch England.

„Spätestens seit der Mitte der 90er-Jahre ... (setzte sich) in der politischen Führung des Reiches der Kurs des ‚Alles oder Nichts' gegenüber England durch." (Schöllgen, G., S. 60)

7 1898 hielt Wilhelm II. eine viel beachtete Rede in Damaskus, in welcher er sich als „Freund der 300 Millionen Mohammedaner" bezeichnete und so England brüskierte, in dessen Reich zahlreiche Mohammedaner lebten.

8 Die Rede Wilhelms II. in Tanger, in welcher dieser die Unabhängigkeit des Sultans von Marokko forderte, löste die erste Marokko-Krise aus.

vgl. 3.7

9 1908 gab der Kaiser mit der Zustimmung des deutschen Reichskanzlers dem britischen Daily Telegraf ein Interview, das in England große Erbitterung auslöste: Der Kaiser erklärte, er gehöre zu den wenigen Freunden Englands in Deutschland und habe den englischen Politikern während des Burenkrieges wertvolle Ratschläge gegeben.

„Wie war die Veröffentlichung solchen Unsinns, solcher Indiskretion nur möglich?" (Schüssler, W., Kaiser Wilhelm II., Göttingen 1962, S. 78)

10 Als Österreich 1908 einen Aufstand in der Türkei und Unruhen in den europäischen Besitzungen des Osmanischen Reiches dazu nutzte, Bosnien und die Herzegowina zu annektieren, stellte sich die deutsche Regierung mit der Erklärung, in „Nibelungentreue" zu Österreich stehen zu wollen, hinter diesen Bruch der Berliner Kongressakte von 1878 und zwang Russland, das österreichische Vorgehen auf dem Balkan hinzunehmen.

s. Schöllgen, S. 66 f.

Panslawistische Propaganda (1909): „Der Weg nach Konstantinopel führt über Berlin."

11 Durch die Entsendung des Kanonenbootes „Panter" nach Agadir (Westküste Marokkos) im Jahre 1911 versuchte das Deutsche Reich, die französische Durchdringung Marokkos zu behindern. Als sich jedoch England und die anderen Großmächte (außer Österreich) entschieden hinter Frankreich stellten, musste die deutsche Diplomatie erkennen, dass sie weitgehend isoliert war.

s. Schöllgen, S. 52

vgl. 3.7

Gregor Schöllgen über das Engagement des Deutschen Reiches in der Türkei

Bis in die 80er-Jahre hinein war das Osmanische Reich vor allem ein Anziehungspunkt für englisches und französisches Kapital… Die Entwicklung auf den Gebieten der Investitionen sowie des Handels mit der Türkei bis zum Kriegsausbruch ist nun vor allem durch den wachsenden deutschen und den in etwa parallel dazu zurückgehenden englischen Handel ausgezeichnet… Im Jahre 1914 hatte das Deutsche Reich dann mit 20,1% den zweiten Platz hinter Frankreich inne, das nunmehr fast 50% der Obligationen der konvertierten Schuld besaß. Der englische Anteil war auf 6,9% (1881: 29%) abgesunken.
Diese Entwicklung hatte zwei Ursachen:
Zum einen ließ das wirtschaftliche Interesse Englands am Osmanischen Reich in dem Maße nach, in welchem Großbritannien sich in Ägypten engagierte… Zum anderen aber hatte sich das Deutsche Reich mit dem nur auf dem Wege staatlicher Anleihen zu realisierenden sog. Bagdadbahnprojekt, einer Verbindung zwischen Konstantinopel und dem Persischen Golf, in erheblichem Maße in der Türkei engagiert…
Trotz aller Interessenverlagerung auf Ägypten hatte die britische Politik nie das Ziel der Erhaltung der Integrität der asiatischen Türkei aus den Augen verloren… Dass die Bagdadbahn dann für etwa ein Jahrzehnt zu einem die internationalen und namentlich die britisch-deutschen Beziehungen aufs schwerste belastenden Faktor wurde, lag insbesondere in dem Umstand begründet, dass sie von einem – im Zuge des informellen Imperialismus – rein wirtschaftlich geplanten Unternehmen zu einem Politikum wurde, und zwar in dem Augenblick, als mit der Konzession des Jahres 1903 endgültig festzustehen schien, dass die Bahn, und zwar als rein deutsches Unternehmen, bis zum Persischen Golf, dem Vorfeld Indiens, geführt werden sollte. Damit stand den Engländern eine unmittelbare Bedrohung ihrer vitalen strategischen und politischen Interessen vor Augen.

(Schöllgen, G., S. 53 f.)

2.5 Die deutsche Flottenrüstung und die englischen Bündnissondierungen

s. Alter, S. 196 f.

1 Die Weltmachtstellung des Deutschen Reiches sollte nach den Vorstellungen Wilhelms II. und seiner politischen Berater – insbesondere des Großadmirals Alfred von Tirpitz – durch den Bau einer gewaltigen Kriegsflotte erlangt und abgesichert werden.

Die deutsche Flotte – „das bewunderungswürdige Symbol eines nach außen gerichteten Prestigebedürfnisses“ (Berghahn, V. R., in: Stürmer, M., S. 382)

2 1898 wurde im Deutschen Reichstag die erste Flottenvorlage eingebracht, der in rascher Folge weitere – umfassendere – nachgeschoben wurden. „Der Irrationalismus, der sich in diesem Verhalten spiegelte, hatte fatale Folgen. Denn einerseits war es eine Illusion anzunehmen, man werde binnen weniger Jahre in der Lage sein, den englischen Vorsprung in der Seerüstung aufzuholen, andererseits musste schon das durch starke Worte untermauerte Bemühen darum England automatisch zu einem Gegner Deutschlands machen und das Reich weiter isolieren.“ (Görtemaker, M., S. 308)

s. Schöllgen, S. 70 f.
Alfred von Tirpitz: „Flotte als Lebensfrage der Nation“

Kaiser Wilhelm II.: „Der Dreizack gehört in unsere Faust!“ – „Mit Volldampf voraus!“

3 Die deutsche Flottenrüstung verfolgte fünf Ziele:
- Schaffung eines Risikos für die (größere) englische Flotte,
- Verhinderung einer englischen Blockade der deutschen Nordseehäfen im Falle eines Krieges,
- Beeinflussung der englischen Politik (Druck auf Groß-

britannien zur Annäherung an das Deutsche Reich und zum Verzicht auf die Beteiligung an gegen Deutschland gerichtete Koalitionen),
- Durchsetzung des deutschen Weltmachtanspruches (Mitsprache in überseeischen Angelegenheiten),
- Stabilisierung des traditionellen Machtgefüges nach innen. „Der Flottenbau sollte die machtpolitische Grundlage einer erfolgreichen Außenpolitik liefern, und diese sollte die innenpolitische und soziale Stellung der herrschenden, von der Sozialdemokratie bedrohten Schichten sichern." (Kehr, Eckart, in: Wehler, H.-U.: Der Primat der Innenpolitik, Berlin 1970, S. 136)

vgl. 4.2.5

4 Der deutsche Flottenbau forderte England heraus, dessen Seeherrschaft und Weltreich durch den „two-power-standard" (die englische Flotte sollte größer sein als die der nächsten zwei Seemächte zusammen) bisher ausreichend gesichert erschienen.

5 Die permanente Steigerung der deutschen Aufwendungen für die Flotte und die Entscheidung Englands im Jahre 1905 zum Bau von Großkampfschiffen (Dreadnoughts) führten zu einem verhängnisvollen Rüstungswettlauf, in welchem es Deutschland jedoch nicht gelang, den englischen Vorsprung aufzuholen.

Zahl der Großkampfschiffe (1914):

England:	*42*
Deutsches Reich:	*26*
Frankreich:	*8*
Österreich-Ungarn:	*0*
Russland:	*17*

6 Die Propaganda des Deutschen Flottenvereins und des Alldeutschen Verbandes sowie die Überschätzung der durch die Flotte gewonnenen eigenen Stärke mobilisierten die Kriegsbereitschaft und die Kriegsbegeisterung in Deutschland.

Mitgliederstand des Deutschen Flottenvereins (1906): über 1 Million

„Michel! Horch, der Seewind pfeift,
Verstopf dir nicht die Ohren,
Wer nicht jetzt zum Ruder greift,
Hat das Spiel verloren!"
(Nach: Helbig, L., S. 103 f.)

7 Zwischen 1898 und 1901 sondierten britische Außenpolitiker ergebnislos die Möglichkeit eines Bündnisses mit Deutschland. „Im Grunde (redete man) aber aneinander vorbei, weil die beiderseitigen Lebensinteressen sich nicht deckten: England brauchte Rückendeckung für seine Position in Übersee, Deutschland verlangte Unterstützung für die Erhaltung seiner Großmachtstellung in der Mitte des europäischen Kontinents." (Baumgart, W., S. 97)

s. Schöllgen, S. 61–63 und S. 142–145

8 Gründe für die englische Bereitschaft einer Annäherung an das Deutsche Reich:
- Keine Interessengegensätze („Deutschland ist der natürliche Verbündete"),
- Verhinderung eines deutsch-russischen Kontinentalblockes,
- imperialistische Gegensätze zu Frankreich und Russland.

Admiral Alfred von Tirpitz

Plakat aus dem Jahre 1901

9 Gründe für die deutsche Ablehnung eines Bündnisses mit England:

- Vertrauen auf das Fortbestehen der imperialistischen Gegensätze zwischen Russland und England („Walfisch und Bär kommen nicht zusammen."),
- Befürchtung, in einem etwaigen Krieg zwischen Russland und Großbritannien die Hauptlast tragen zu müssen (Deutschland als „Festlanddegen Englands"),
- Hoffnung auf weitere Zugeständnisse Englands („Die Zeit arbeitet für uns, Großbritannien wird später erst recht allianzbedürftig sein." [Reichskanzler von Bülow]).

„Nicht Deutschland besaß die größere Freiheit zur Wahl, sondern England." (Baumgart, W., S. 99)

10 Nach dem Scheitern der Bündnissondierungen vollzog die britische Diplomatie eine Wendung, indem sie sich mit ihren bisherigen Hauptkonkurrenten Frankreich und Russland verständigte und für die wichtigsten offenen Streitfragen einen Ausgleich fand (Ententepolitik).

s. Schöllgen, S. 58 f.

vgl. 4.2.2

11 In der Entente cordiale (1904) sicherten sich Frankreich und England zu, an dem politischen Zustand Ägyptens (britische Protektorat) und Marokkos (französisches Einflussgebiet) nichts ändern zu wollen.

12 Der englisch-russische Vertrag von 1907 (Entente) enthielt folgende Abmachungen:
- Persien: Teilung des Landes in eine nördliche, russische, in eine mittlere, gemeinsame, und eine südliche, englische Interessensphäre;
- Afghanistan: außerhalb der russischen Einfluss-Sphäre gelegen, ist zwar „englisches Protektorat", aber England macht seinen Einfluss „nur in friedlichem Sinne geltend";
- Tibet: beide Mächte erkennen die Hoheitsrechte Chinas in Tibet an; sie verpflichten sich, die Integrität Tibets zu wahren und sich jeder Einmischung in die innere Verwaltung des Landes zu enthalten.

(nach: Vertrags-Ploetz, Teil II, Band 3, Würzburg 1958, S. 421)

13 Obgleich die beiden Verträge keine ausdrücklich antideutschen Elemente enthielten, wurde die Beilegung der Interessengegensätze zwischen den großen Kolonialmächten im Deutschen Reich als Beginn der „Einkreisung Deutschlands" verstanden; es ist freilich sinnvoller, von einer „Isolierung Deutschlands" zu sprechen; denn „im Gegensatz zur traditionellen deutschen Zwangsvorstellung war die Triple Entente nicht offensiv gedacht. Ihr Ziel war vielmehr die ‚Eindämmung' der ungebärdigen deutschen Prätentionen, die mit viel Säbelgerassel und Bramarbasieren Unruhe in das imperialistische Weltsystem brachten" (Geiss, I., S. 15).

„England hat einen Weg eingeschlagen, welcher die gesamte weltpolitische Lage… mit niemals wieder aufzuholenden Folgen für Deutschland verwandelte." (Herzfeld, H., S. 43)

14 „Damit war in den wenigen Jahren seit der Jahrhundertwende eine Umkehrung der weltpolitischen Situation eingetreten: nicht mehr die Gegensätze zwischen den großen Imperien in der Welt waren bestimmend für die Erwägungen in der Bündnispolitik, sondern die Situation in Europa war wieder, wie zu der Zeit vor dem imperialistischen Ausgreifen der Mächte nach Übersee, zum Angelpunkt aller Kombinationen der großen Mächte geworden." (Hillgruber, A.; in: Stürmer, M. u. a.: Das Deutsche Kaiserreich, S. 62)

Der Alldeutsche Verband

Gründungsmitglieder (1891):
Bankdirektoren, Professoren, Bürgermeister, Reichstagsabgeordnete, Kaufleute, Schriftsteller, Generale und Admirale, Verleger und Industrielle

Aus dem Programm (1903):
Der Alldeutsche Verband erstrebt Belebung der deutschnationalen Gesinnung, insbesondere Weckung und Pflege des Bewusstseins der rassenmäßigen und kulturellen Zusammengehörigkeit aller deutschen Volksteile. Diese Aufgabe schließt in sich, dass der Alldeutsche Verband eintritt:

1. für Erhaltung des deutschen Volkstums in Europa und Übersee und Unterstützung desselben in bedrohten Teilen;
2. für Lösung der Bildungs-, Erziehungs- und Schulfragen im Sinne des deutschen Volkstums;
3. für Bekämpfung aller Kräfte, die unsere nationale Entwicklung hemmen;
4. für eine tatkräftige deutsche Interessenpolitik in der ganzen Welt, insbesondere Fortführung der deutschen Kolonialbewegung zu praktischen Ergebnissen.

(nach: Nitsche, R. u. a.: Grundbuch zur bürgerlichen Gesellschaft 2, Darmstadt und Neuwied 1979, S. 51 f.)

Anregungen zur Wiederholung und Vertiefung

a) Erarbeiten Sie die Prinzipien der Außenpolitik Bismarcks und der deutschen Außenpolitik in der Ära des „Neuen Kurses“.

b) Zeigen Sie die Unterschiede zwischen der Kolonialpolitik Bismarcks und der seiner Nachfolger.

c) Nennen Sie den Inhalt der einzelnen Bündnisse des Deutschen Reiches (1879–1887) und zeigen Sie das Zusammenwirken der Verträge im bismarckschen Bündnissystem.

d) Erarbeiten Sie die Stationen der deutschen Entfremdung von den europäischen Flügelmächten zwischen 1890 und 1914.

e) Erörtern Sie, inwiefern diese Entfremdung bereits in der Zeit der Kanzlerschaft Bismarcks angelegt war.

f) Beschreiben Sie, wie es zur Rückwendung von den imperialistisch-kolonialen Spannungen zu den kontinental-europäischen Interessengegensätzen kam.

g) Nehmen Sie urteilend Stellung zu den Maximen der deutschen Flottenrüstung; berücksichtigen Sie dabei auch die Funktion der Flotte in der Politik des „Neuen Kurses“.

Ausbruch und Verlauf des Ersten Weltkrieges

5

1 Die Bedeutung des Krieges

1 Der Erste Weltkrieg stellt eine historische Zäsur dar, deren Ausmaß man kaum überschätzen kann.

s. Schöllgen, S. 89

2 „Er überschritt … die Dimensionen der vorangegangenen europäischen Generalkriege durch das Aufgebot an Menschen, die Anzahl der Opfer, den Umfang seiner strategischen Konzeptionen und Kriegshandlungen, die Beteiligung außereuropäischer Mächte und vor allem seiner weltgeschichtlichen Wirkungen" (Schieder, Th.: Staatensystem, S. 320).

3 Mit Recht bezeichnet man den Ersten Weltkrieg als den ersten totalen Krieg der Weltgeschichte: Die Zivilbevölkerungen waren nicht weniger betroffen als die an den Fronten kämpfenden Soldaten; ja, der Krieg gegen alle – also auch gegen die Nichtkombattanten – war Teil der Strategien (planmäßige Aushungerung, Abschnürung der Rohstoffzufuhr). Aber auch die Umstrukturierung der Wirtschaft nach militärischen Anforderungen und die Militarisierung des gesamten gesellschaftlichen Lebens sind hier zu erwähnen.

Maurice Georges Paléologue (französischer Botschafter in Petersburg), August 1914: „Der jetzige Krieg gehört nicht zu denjenigen, die durch einen politischen Vertrag beendet werden …; es ist ein Krieg auf Leben und Tod, in welchem jeder Kämpfende seine nationale Existenz aufs Spiel setzt." (nach: Schieder, Th.: Staatensystem, S. 331)

4 Der Erste Weltkrieg beendete das Zeitalter des klassischen Imperialismus.

5 Die politische und gesellschaftliche Ordnung der großen europäischen Kaiserreiche (Russland, Österreich und Deutschland) brach am Ende des Krieges zusammen.

6 „Der erste Weltkrieg ist nicht wie der zweite Weltkrieg schon in seiner Entstehung ein Krieg der Ideologien und der Weltanschauungen gewesen … Das Gesetz des modernen Krieges, das an alle Energien der Völker appelliert, hat aber doch zur unvermeidlichen Folge gehabt, dass dieser Krieg nicht nur für die Staatsform der Völker, sondern auch für die an sie geknüpften Ideen zur Probe … geworden ist." (Herzfeld, H.: Weltmächte, S. 131)

7 Das Eingreifen der USA in die europäischen Auseinandersetzungen leitete das Ende der europazentrischen Geschichte ein und führte zu dramatischen Verschiebungen der weltweiten Mächtekonstellation (vom europäischen zum Weltstaatensystem).

8 Durch die Oktoberrevolution in Russland, zu welcher die Kriegsereignisse eine wesentliche Voraussetzung bildeten, wurde die Teilung der Welt in durch gegensätzliche Ideologien voneinander abgegrenzte Lager besiegelt.

9 „Der erste Weltkrieg war nicht unausweichlich, aber er lag in der Logik des europäischen Mächtesystems, der Versteifung der Bündnisse, der Rüstungswettläufe, der auf die Innenpolitik berechneten machtpolitischen Imponiergesten, der nationalistischen Überspannungen und kollektiven Angstneurosen wie der Instabilität der europäischen Hauptmächte, deren Machteliten einen Krieg als Ausweg aus den sozialen Umwälzungen begriffen.“ (Stürmer, M. u. a.: Das Deutsche Kaiserreich, S. 13)

vgl. 4.2.2

10 Bei der Betrachtung des Kriegsausbruches muss man zwischen den tiefer liegenden Ursachen und den unmittelbaren Anlässen unterscheiden:

Die Ursachen waren:

- die Rückwirkungen der imperialistischen Spannungen auf das Verhältnis der europäischen Mächte,
- die verfestigte Konstellation der Bündnissysteme,
- die Wahrnehmung der Ententepolitik als „Einkreisung Deutschlands“,
- die französische „Erbfeindschaft“ (französisches Revanchedenken, Elsass-Lothringen-Frage),
- das forcierte Wettrüsten,
- die Dominanz des militärischen und strategischen Denkens (Verdrängung des Primats der Politik),
- die Bedrohung tradierter Gesellschaftsordnungen,
- der übersteigerte Nationalismus und der damit verbundene Glaube an die Rechtmäßigkeit der eigenen Ansprüche,
- der drohende Zerfall des österreich-ungarischen Vielvölkerstaates durch die zentrifugalen nationalen Bewegungen auf dem Balkan,
- der deutsche Hegemonialanspruch,
- der unerbittlicher Konkurrenzkampf der Industriestaaten um Marktanteile und Einfluss-Sphären.

vgl. 4.2.5

Kurt Riezler (1914):
„(Ein Faktor) ist die echt deutsche idealistische und richtige Überzeugung, dass das Volk einen Krieg nötig hat.“
(Nach: Stürmer, M. u. a.: Das Deutsche Kaiserreich, S. 62)

Als Anlässe sind zu nennen:

- die Ermordung des österreichischen Thronfolgers in Sarajevo,
- die Härte des österreichischen Ultimatums an Serbien,
- die deutsche Blankovollmacht für die österreichische Politik gegenüber Serbien,
- die russische Generalmobilmachung,
- die deutschen Ultimaten an Russland und Frankreich.

s. 5.2

2 Der Weg in den Ersten Weltkrieg

(s. Schöllgen, S. 152–155; Alter, S. 211–216)

28. Juni 1914: Der österreichische Thronfolger Franz Ferdinand und seine Frau werden in Sarajevo ermordet. Die Beteiligung der serbischen Regierung an diesem Attentat ist nicht erwiesen, aber wahrscheinlich. „Das Attentat von Sarajevo war die dramatische Zuspitzung des seit langem schwelenden Konflikts zwischen der Donaumonarchie und der südslawischen Nationalbewegung. Alles hing davon ab, wie Österreich-Ungarn reagieren würde; denn die Art seiner Reaktion konnte die Konfrontation mit Russland herbeiführen“ (Geiss, I.: Juli 1914, S. 27).

29. Juni – 1. Juli: Zwischen der österreichischen Regierung und dem österreichischen Generalstab kommt es zu einer heftigen Diskussion über das Vorgehen gegen Serbien, in welcher es um die Entscheidung zwischen einer harten militärischen Strafaktion und eher gemäßigten diplomatischen Forderungen an Serbien ging. Man war sich zunächst einerseits über die möglichen Reaktionen Russlands und andererseits über die Verlässlichkeit der deutschen Unterstützung im Unklaren.

4.–6. Juli: Nach hektischen Beratungen entschließt sich die deutsche Regierung zur bedingungslosen Unterstützung Österreichs gegenüber Serbien. Das Ergebnis ist die so genannte Blankovollmacht, in der Kaiser Wilhelm II. dem österreichischen Kaiser Franz Joseph zusichert, dass er „im Einklang mit seinen Bündnispflichten und seiner alten Freundschaft treu“ an der Seite Österreich-Ungarns stehen werde. „Nicht ‚Nibelungentreue‘ und noch weniger dynastische Solidarität waren die entscheidenden Motive für diese folgenschwere Entscheidung, sondern höchst komplizierte Erwägungen hinsichtlich der allgemeinen politischen und militärischen Situation der Mittelmächte … Eine ausschlaggebende Rolle spielte dabei die Furcht vor dem erstarkenden Russland“ (Mommsen, W. J.: Zeitalter des Imperialismus, S. 276).

7. Juli: Der österreichisch-ungarische Ministerrat erörtert die militärische „Abrechnung“ mit Serbien.
Aus dem Protokoll der Beratungen: „Alle Anwesenden mit Ausnahme des königlich ungarischen Ministerpräsidenten (sind) der Ansicht, dass ein diplomatischer Erfolg … wert-

los wäre und dass daher solche weitgehenden Forderungen an Serbien gestellt werden müssten, die eine Ablehnung voraussehen ließen, damit eine radikale Lösung im Wege militärischen Eingreifens angebahnt würde."
(nach: Geiss, I.; Juli 1914, S. 63)

10.–19. Juli: Die österreich-ungarische Regierung arbeitet das Ultimatum an Serbien aus. Regierungskreise in Deutschland äußern die Befürchtung, dass Österreich vor energischen Aktionen gegenüber Serbien – wegen der drohenden Konfrontation mit Russland – zurückschrecken könne.

21. Juli: Anlässlich eines Staatsbesuchs in Petersburg äußert der französische Ministerpräsident Poincaré heftige Warnungen gegenüber Österreich-Ungarn und droht im Falle eines österreichischen Angriffs auf Serbien mit der Unterstützung Frankreichs für den Angegriffenen. Russland und Frankreich sichern sich wechselseitig ihre Bündnistreue für den Fall eines militärischen Konfliktes zu.

22. Juli: Der englische Außenminister Grey rät Serbien zur Annahme des österreichischen Ultimatums „falls dieses gemäßigt sei". „(Auch er) ließ sich in seiner Überzeugung, dass er in der Mäßigung Russlands und Frankreichs nicht weiter gehen könne als Berlin in der Beeinflussung seines Bundesgenossen zu gehen bereit war, durch Bedingungen fesseln, wie sie in allen europäischen Hauptstädten … ein Gefühl der Unfreiheit hervorbrachten, das die Verantwortung für den entscheidenden Schritt immer der anderen Seite zuschob" (Graf Kielmansegg, P., S. 16 f.).

23. Juli: Das Ultimatum Österreichs an Serbien, das auf 48 Stunden befristet ist, stößt dort – insbesondere wegen der Einschränkung der serbischen Souveränität – auf Widerstand. „Auch bei den Entente-Mächten wurde die Note allgemein abgelehnt. Für die europäischen Mächte eröffnete erst eigentlich das Ultimatum … die Julikrise richtig" (Geiss, I.: Juli 1914, S. 145). Hinzu kam, dass zwischen dem Attentat und der Übergabe des Ultimatums fast ein Monat verstrichen war – eine Tatsache, welche die moralische Position der Mittelmächte erheblich verschlechterte.

25. Juli: Serbien akzeptiert – bis auf wenige Ausnahmen – die Forderungen Österreichs. Dennoch erklärt Österreich, dass die Antwort unbefriedigend sei, obwohl diese von zahlreichen Beobachtern als erstaunlich entgegenkom-

mend bezeichnet wurde. Gleichzeitig wird in Österreich-Ungarn die Teilmobilmachung angeordnet.
Der russische Kronrat beschließt, Serbien im Falle eines österreichischen Angriffs zu unterstützen.

Aus dem österreichisch-ungarischen Ultimatum an Serbien

... Es erhellt aus den Aussagen und Geständnissen der verbrecherischen Urheber des Attentats vom 28. Juni, dass der Mord von Sarajevo in Belgrad ausgeheckt wurde, dass die Mörder die Waffen und Bomben, mit denen sie ausgestattet waren, von serbischen Offizieren und Beamten erhielten ... und dass schließlich die Beförderung der Verbrecher und deren Waffen nach Bosnien von leitenden serbischen Grenzorganen veranstaltet und durchgeführt wurde ...
Die k. u. k. Regierung (sieht sich) gezwungen, von der serbischen Regierung eine offizielle Versicherung zu verlangen, dass sie die gegen Österreich-Ungarn gerichtete Propaganda verurteilt ...
Die serbische Regierung verpflichtet sich überdies,

1. jede Publikation zu unterdrücken, die zum Hass und zur Verachtung der Monarchie aufreizt und deren allgemeine Tendenz gegen die territoriale Integrität der Letzteren gerichtet ist; ...
3. ohne Verzug aus dem öffentlichen Unterricht in Serbien, sowohl was den Lehrkörper als auch die Lehrmittel betrifft, alles zu beseitigen, was dazu dient oder dienen könnte, die Propaganda gegen Österreich-Ungarn zu nähren;
4. aus dem Militärdienst und der Verwaltung im Allgemeinen alle Offiziere und Beamten zu entfernen, die der Propaganda gegen Österreich-Ungarn schuldig sind ...
5. einzuwilligen, dass in Serbien Organe der k. u. k. Regierung bei der Unterdrückung der gegen die territoriale Integrität der Monarchie gerichteten subversiven Bewegung mitwirken ...

(nach: Schönbrunn 2, S. 19 f.)

28. Juli: Österreich erklärt Serbien den Krieg.

29. Juli: Die russische Regierung ordnet die Teilmobilmachung an.
Der Chef des deutschen Generalstabs Helmuth von Moltke fordert Österreich auf, die Generalmobilmachung einzuleiten; er sichert die unbedingte Unterstützung des Deutschen Reiches zu. „Moltke überschritt mit dieser Zusicherung die Grenzen seiner Amtsbefugnisse" (Graf Kielmansegg, P., S. 19).
Der österreichisch-serbische Konflikt weitet sich zum Konflikt zwischen dem Deutschen Reich und Russland aus:

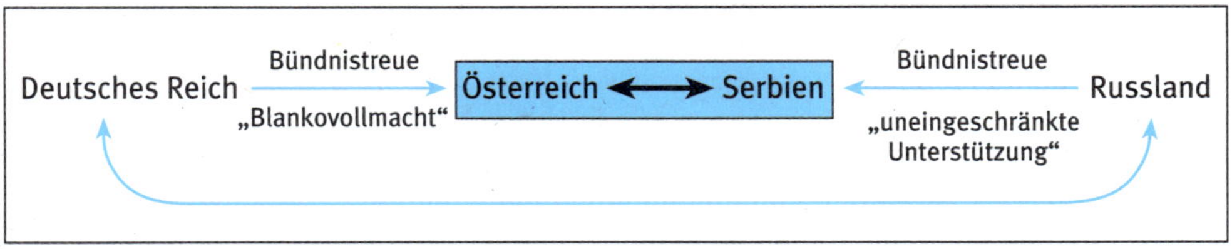

31. Juli: In Österreich-Ungarn erfolgt die Generalmobilmachung.
Die deutsche Regierung richtet ein auf 12 Stunden befristetes Ultimatum an Russland mit der Aufforderung, die Mobilmachung unverzüglich rückgängig zu machen.
Gleichzeitig fordert die deutsche Regierung in einem Ultimatum an Frankreich, das auf 18 Stunden befristet ist, eine bindende Neutralitätserklärung im Falle eines deutsch-russischen Konfliktes und die Herausgabe der Festungen Toul und Verdun als Pfand für die Einhaltung der französischen Neutralität.

1. August: In Deutschland wird die Mobilmachung angeordnet. Die Regierung des Deutschen Reiches erklärt Russland, das auf das Ultimatum vom Vortage nicht reagiert hat, den Krieg.

3. August: Die Antwort Frankreichs, es werde „gemäß seinem Interesse“ handeln, wird von der Deutschen Regierung mit der Kriegserklärung erwidert.

Vergleich der Truppenstärken (in Millionen):

	gesamt	Feldheer bei Kriegsbeginn
Deutschland	11,0	2,3
Österreich-Ungarn	7,8	1,4
Frankreich	8,5	1,8
Russland	12,0	3,4
Großbritannien	9,0	0,4

(nach: Ploetz. Große illustrierte Weltgeschichte, Band 5, Würzburg 1984, S. 9)

Zustimmung der Sozialdemokraten zu den Kriegskrediten

Aus der Erklärung des SPD-Abgeordneten Hugo Haase:
Im Auftrag meiner Fraktion habe ich folgende Erklärung abzugeben: Wir stehen vor einer Schicksalsstunde. Die Folgen der imperialistischen Politik, durch die eine Ära des Wettrüstens herbeigeführt wurde und die Gegensätze zwischen den Völkern sich verschärften, sind wie eine Sturmflut über Europa hereingebrochen. Die Verantwortung hierfür fällt den Trägern dieser Politik zu; wir lehnen sie ab. Die Sozialdemokraten haben diese verhängnisvolle Entwicklung mit allen Kräften bekämpft... Ihre Anstrengungen sind vergeblich gewesen. Jetzt stehen wir vor der ehernen Tatsache des Krieges. Uns drohen die Schrecknisse feindlicher Invasionen. Für unser Volk und seine freiheitliche Zukunft steht bei einem Siege des russischen Despotismus, der sich mit dem Blut der Besten des eigenen Volkes befleckt hat, viel, wenn nicht alles auf dem Spiel. Es gilt, diese Gefahr abzuwehren, die Kultur und Unabhängigkeit unseres eigenen Landes sicherzustellen. Da machen wir wahr, was wir immer betont haben: Wir lassen in der Stunde der Gefahr das eigene Vaterland nicht im Stich...

(nach: Schönbrunn 2, S. 37)

3 Der Schlieffenplan

Der Schlieffenplan war „Gemeingut des deutschen Generalstabs". (Graf Kielmansegg, P., S. 23)

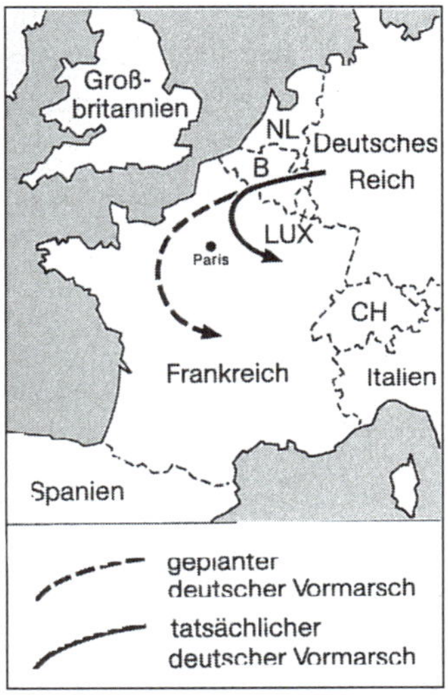

1 Das Vorgehen der deutschen Politik beim Ausbruch des Ersten Weltkrieges, das durch die rasche Aufeinanderfolge von Ultimaten, Kriegserklärungen und durch den Einmarsch in das neutrale Belgien gekennzeichnet war, kann nur durch militärisch-strategische Überlegungen hinreichend erklärt werden. Das vorrangige Ziel war die Vermeidung eines Zweifrontenkrieges.

2 Der Plan dazu war bereits 1905 von dem damaligen Chef des deutschen Generalstabs Graf Alfred von Schlieffen entworfen und seither nur geringfügig überarbeitet worden.

3 Um die gleichzeitige militärische Auseinandersetzung mit den beiden starken Gegnern Frankreich und Russland zu umgehen, sollte der Krieg in zwei Phasen zerlegt werden:

- In der ersten Phase wollte Schlieffen durch einen massiven Einsatz deutscher Truppen einen raschen Sieg über Frankreich erzielen („Niederwerfungsstrategie", „eine Cannae von gewaltigem Ausmaß");
- die gesamten deutschen Kräfte sollten darauf im Osten eingesetzt und zum Sieg über Russland geführt werden.

4 Da ein frontaler Angriff im Westen nicht zu der erstrebten raschen Überwältigung Frankreichs führen konnte, sollten die Festungen an der französischen Grenze im Norden umgangen (Durchmarsch durch Belgien und Luxemburg) und die französischen Armeen vom Norden her umfasst und gegen die Moselfestungen, das Juragebirge und die Schweizer Grenze gedrängt werden. Indem man das französische Heer auf diese Weise von seinem Hinterland und dem Nachschub abschnitt, erwartete der Plan binnen kürzester Zeit den deutschen Sieg in der nun folgenden Entscheidungsschlacht und eine ungeheuer große Zahl von Kriegsgefangenen – man rechnete mit mehr als einer halben Million.

5 Um den Durchmarsch durch Belgien und die Umzingelung der französischen Armeen zu Gewähr leisten, wollte Schlieffen den rechten Flügel des deutschen Heeres besonders stark machen und im Süden sogar ein vorübergehendes Eindringen der Franzosen nach Baden hinnehmen. Das von Schlieffen festgesetzte Zahlenverhältnis der im Norden und Süden stationierten deutschen Truppen von 7:1 musste bis 1914 auf 3:1 herabgesetzt werden, weil –

Generalstabschef
Alfred Graf von Schlieffen

„Alles war bewusst auf eine Karte gesetzt worden. Diese Karte war der Sieg des Deutschen Reiches über Frankreich. Auf diese Aufgabe waren Rüstungspolitik, Ausbildung und Bewaffnung der deutschen Armee ausgerichtet.“
(Schulte, B. F., S. 46)

wie General Ludendorff feststellte – die Franzosen sonst mit überlegenen Kräften schneller im Rücken des deutschen Heeres stehen würden als die deutschen Truppen nach dem Durchmarsch durch Belgien im Rücken der Franzosen.

„Deutschlands Feldzugsplan, Deutschlands Siegeschancen beruhten auf der Voraussetzung, dass Russland nach Kriegsausbruch nicht gleich in voller Stärke werde antreten können.“
(Graf Kielmansegg, P., S. 19)

6 Nach der erwarteten französischen Niederlage sollten die nun freigesetzten deutschen Truppen in den Krieg gegen Russland geführt werden, dessen Mobilmachung inzwischen abgeschlossen war. Sie sollten im Osten die wenigen deutschen und österreichischen Truppen, die bis dahin die russischen Armeen hinzuhalten hatten (40 deutsche und österreichische Divisionen gegen 90 russische Divisionen), verstärken. Schlieffen rechnete damit, dass auf diese Weise auch Russland militärisch zu besiegen sein werde.

vgl. 2.2.3

7 Schlieffens Plan wies eine Reihe schwer wiegender Mängel auf:
- Im Falle einer Krise musste der Krieg gegen Frankreich geradezu erzwungen werden, ehe die russische Mobilmachung vorangeschritten war.
- Die russischen Transportkapazitäten und das Tempo der russischen Mobilmachung wurden nach dem Stand von 1905 eingeschätzt; in diesem Jahr war Russland durch die Niederlage im Krieg gegen Japan und durch die Revolution geschwächt; außerdem hatte das russische Eisenbahnnetz noch nicht den Stand von 1914 erreicht.

vgl. 4.2.2 und 4.2.5

- Man rechnete mit der Neutralität Englands, da der Interessenausgleich zwischen England und Russland noch nicht erfolgt war. Die Frage, ob die deutsche Regierung 1914 noch auf die englische Neutralität bauen konnte, ist in der Geschichtsschreibung umstritten.

Londoner Protokoll von 1831: Selbstständigkeit Belgiens und Unverletzlichkeit der belgischen Neutralität

- Im Falle der Verweigerung des Durchmarschrechtes durch Belgien musste die Verletzung der belgischen Neutralität in Kauf genommen werden. Es war aber bereits 1905 – und erst recht 1914 – überaus zweifelhaft, ob Großbritannien bereit war, den Bruch verbriefter belgischer Rechte hinzunehmen.
- Das Ablaufschema des Schlieffenplanes erzwang im Kriegsfall die deutsche Initiative bei der Eröffnung militärischer Handlungen. Das Deutsche Reich belastete sich so mit der Rolle des Angreifers (Kriegsschulddiskussion).
- Die deutsche Schlachtflotte hatte im Schlieffenplan keinerlei Funktion; eine mögliche Blockade der deut-

schen Nordseehäfen durch Großbritannien war nicht einkalkuliert.

- „Weder 1905 noch 1914 verfügte die deutsche Armee über die für den Schlieffenplan erforderliche numerische Stärke. Der Plan war also auf seinem ureigensten Gebiet – militärischer und strategischer Planung – hoffnungslos unrealistisch" (Geiss, I.: Das Deutsche Reich und der Erste Weltkrieg, München 1978, S. 48).
- Zu der im Schlieffenplan vorgezeichneten Strategie gab es keine Alternative; für den Fall, dass der rasche Durchmarsch durch Belgien und Frankreich misslang, waren keine Vorkehrungen getroffen. Der dann zu erwartende Zweifrontenkrieg, den der Plan gerade umgehen wollte, musste die deutschen Kräfte übersteigen.

„Die letzte Ursache für das Scheitern des Schlieffenplanes (war) in seinem eigenen Wesen begründet." (Herzfeld, H., S. 110)

8 Die gefährlichen Konsequenzen des Schlieffenplanes wurden in der Julikrise deutlich: Militärisch-strategische Überlegungen zwangen die deutschen Politiker zu überstürzten Ultimaten und Kriegserklärungen. „So kam es zu der ungeheuren politischen Torheit ..., dass Deutschland an Russland und Frankreich den Krieg erklärte. Denn der Kanzler (Bethmann Hollweg) war den Generälen unterlegen, die klare Verhältnisse schaffen wollten." (Schüssler, W., Kaiser Wilhelm II., Göttingen 1962, S. 101 f.)

„Das Denken der militärischen Spezialisten war völlig unbelastet von jeglichen moralischen Fesseln, allein auf die Effizienz des Instrumentes hin orientiert. Selbst die Diplomatie schien unter diesem Blickwinkel den Bedürfnissen der militärischen Erfolgsaussichten untergeordnet." (Schulte, B. F., S. 34)

9 Als Russland die Mobilmachung anordnete, zwang die Automatik des Planes zur Kriegserklärung an Frankreich, denn nur wenn der Sieg im Westen rechtzeitig errungen war, bestand die Aussicht, das russische Vordringen aufzuhalten.

10 Nachdem die Offensive in Frankreich stecken geblieben war, musste der deutsche Generalstab das Scheitern seines Konzeptes zur Vermeidung eines Zweifrontenkrieges eingestehen.

4 Die Kriegsschulddiskussion

s. Schöllgen, S. 147–164

1 Die Frage nach der Schuld am Ersten Weltkrieg hat ein breites Spektrum von Thesen hervorgebracht, dessen äußerste Positionen durch die Auffassung des damaligen britischen Ministerpräsidenten Lloyd George „Die Staaten sind in den Krieg hineingeschlittert" einerseits und den „Kriegsschuldartikel" des Versailler Vertrages, welcher dem Deutschen Reich die Alleinschuld am Ersten Weltkrieg zuschrieb, auf der anderen Seite bestimmt werden.

„Nicht selten ist dieser Krieg als eine historische Naturkatastrophe empfunden worden ... Aber kann man wirklich von einem Naturereignis sprechen?" (Schieder, Th.: Staatensystem, S. 321)

Artikel 231 des Versailler Vertrages: Die alliierten und assoziierten Regierungen erklären und Deutschland erkennt an, dass Deutschland und seine Verbündeten als Urheber aller Verluste und aller Schäden verantwortlich sind, welche die alliierten und assoziierten Regierungen und ihre Angehörigen infolge des ihnen durch den Angriff Deutschlands und seiner Verbündeten aufgezwungenen Krieges erlitten haben.
(Der Vertrag von Versailles, München 1978, S. 238)

2 Die Diskussion über die Schuld am Ersten Weltkrieg hat zwei Aspekte:

- einen politischen Aspekt, weil die Schuldzuweisung an Deutschland die Grundlage für die Reparationsforderungen und andere Bestimmungen des Versailler Vertrages darstellte und folgerichtig vom Deutschen Reich mit Nachdruck zurückgewiesen wurde,
- einen fachwissenschaftlichen Aspekt, weil verschiedene Historikerschulen ihre unterschiedlichen Auffassungen über die Kriegsschuld des Deutschen Reiches in einem heftigen Expertenstreit gegeneinander vorgetragen haben und auch heute noch vortragen.

3 Ein Konsens besteht in der Fachwissenschaft darüber, dass alle Großmächte durch die militärische Auseinandersetzung nach Machtzuwachs – politischer, wirtschaftlicher und territorialer Art – strebten. Freilich waren diese Ziele während des Krieges – je nach dem Stand des Kriegsgeschehens – einem ständigen Wechsel unterworfen.

„Die Kriegsziele der Alliierten (haben) je nach Kriegslage geschwankt... Das trifft, wenn auch in etwas anderer Weise, für die deutschen Kriegsziele zu.“
(Schieder, Th.: Europa im Zeitalter der Nationalstaaten, Stuttgart 1968, S. 174)

4 „Im Prinzip lässt sich unter wirtschafts- und sozialgeschichtlichen Gesichtspunkten aus den zahlreichen Kriegszielen ein Aspekt besonders hervorheben: Die Reduzierung der wirtschaftlichen und der untrennbar damit verbundenen politischen Macht des Gegners unter gleichzeitiger Ausfüllung des dadurch entstehenden Freiraumes mit eigenen Machtpositionen“ (Henning, F.-W., S. 31).

„Die große Mehrheit der verantwortlichen Politiker und Militärs der Donaumonarchie war entschlossen, die günstige Situation zu einem Krieg gegen Serbien zu nutzen.“
(Mommsen, W. J.: Zeitalter des Imperialismus, S. 274)

5 Österreich-Ungarn versuchte, die innere und äußere Bedrohung der Vielvölkermonarchie dadurch zu verringern, dass es Serbien demütigte, den serbischen Nationalismus ausschaltete und seinen Herrschaftsbereich auf dem Balkan ausdehnte.

vgl. 2.2.3

6 Russland war – in Fortsetzung der panslawistischen Tradition – an einer Stärkung seines Einflusses auf die Balkanstaaten interessiert und wollte außerdem durch einen vaterländischen Appell inneren revolutionären Bestrebungen ein Ende setzen.

„(Es) ist bemerkenswert, dass die Zielsetzungen des deutschen Imperialismus unter dem Zwange der Belagerungssituation von 1914 eine grundlegende Änderung erfuhren. Die Ziele in Übersee... traten nun ganz zurück... An die Stelle des ‚Griffes nach der Weltmacht‘... trat die Idee der uneingeschränkten Herrschaft Deutschlands über den europäischen Kontinent.“
(Mommsen, W. J.: Zeitalter des Imperialismus, S. 302 f.)

7 Das Deutsche Reich wollte die vermeintliche „Einkreisung“ aufsprengen und seine Machtstellung in Mitteleuropa ausbauen. Es sah seinen Platz ohne Wenn und Aber an der Seite Österreichs, des letzten Bundesgenossen, der ihm verblieben war. „Österreich-Ungarn war als ‚Brücke‘ zu dem entfernten deutschen Einflussbereich in der Türkei zu einem ‚Pfeiler‘ der deutschen ‚Mitteleuropa‘-Stellung geworden, der auf keinen Fall einstürzen durfte“ (Hillgruber, A., in: Stürmer, M., S. 199).

8 Frankreich erhoffte die Wiedergewinnung Elsass-Lothringens und strebte nach einer Schwächung des deutschen Rivalen.

9 Großbritannien war an der Eindämmung des deutschen Weltmachtanspruchs interessiert; eine Niederlage des Deutschen Reiches in einem Krieg konnte darüber hinaus die Drohung der deutschen Schlachtflotte von England nehmen.

10 „(Es) bleibt richtig zu sagen, dass im Juli 1914 alle Mächte, vielleicht mit Ausnahme Englands, politische Ziele verfolgten, die über den Status quo hinausgingen, aber dass ihnen ein klarer Willen mangelte, wegen solcher Ziele sich in einen großen Krieg zu stürzen" (Schieder, Th.: Staatensystem, S. 328).

11 Nach der Niederlage des Deutschen Reiches und der Unterzeichnung des Versailler Vertrages begann in Deutschland eine systematische Propagandaoffensive gegen den Vorwurf der alleinigen Kriegsschuld, die sowohl auf öffentlicher als auch auf privater Ebene vorgetragen wurde.

12 Auch nach dem Zweiten Weltkrieg hielt sich hartnäckig die Auffassung, dass Deutschland einen „Verteidigungskrieg" oder allenfalls einen „Präventivkrieg" geführt habe; es wurde betont, dass die deutsche Politik 1914 ebenso wie die Politik der Ententemächte allein vom Sicherheitsbedürfnis und Gleichgewichtsdenken bestimmt gewesen sei.

13 1961 veröffentlichte Fritz Fischer sein Aufsehen erregendes Werk „Griff nach der Weltmacht", in welchem er nachzuweisen versuchte, dass die deutsche Regierung den Ersten Weltkrieg umsichtig vorbereitet, herbeigeführt und in der Julikrise des Jahres 1914 planmäßig ausgelöst habe. „Nicht in der Unfähigkeit der Politiker, die vorhandenen Friedenschancen zu nutzen, sondern in ihrer Abhängigkeit von mächtigen ökonomischen und gesellschaftlichen Interessengruppen und den von diesen lancierten Kriegszielprogrammen sah Fischer das Kernproblem deutscher Politik im Kriege" (Ullrich, Volker; in: GWU 1986, 7, S. 397).

14 Fischers Buch brach endgültig mit der immer wieder geäußerten Auffassung, dass Deutschland keine Schuld am Ausbruch des Ersten Weltkrieges habe, sondern dieser vielmehr die Folge der „Einkreisungspolitik" der Ententemächte gewesen sei. Allerdings wurde ihm entgegengehalten, dass auch die übrigen europäischen Staaten eine

Premierminister
David Lloyd George

„Kriegsschuldreferat" im Auswärtigen Amt der Weimarer Republik

Private „Zentralstelle für die Erforschung der Kriegsursachen" (seit 1921)

Zeitschrift „Die Kriegsschuldfrage" (seit 1923)

Titel der beiden Standardwerke von Fritz Fischer:
„Griff nach der Weltmacht" (1961)
„Weltmacht oder Niedergang" (1965)

„Es gibt nicht ein einziges Dokument…, das die zentrale Wahrheit entkräften könnte, dass im Juli 1914 ein Kriegswille einzig und allein auf deutscher Seite bestand." (Fischer, Fritz, in: DIE ZEIT vom 3. Sept. 1965)

s. Schöllgen, S. 162

militärische Auseinandersetzung zur Lösung der politischen Gegensätze in Kauf genommen und dieselben imperialistischen Maßlosigkeiten hinsichtlich ihrer jeweiligen Kriegszielkonzeptionen verfolgt hätten wie das Deutsche Reich.

„(Es) ist zu konstatieren, dass von einer Alleinschuld des Deutschen Reiches nicht die Rede sein kann." (Hildebrand, Klaus; in: GWU 1985, 7, S. 470)

15 „Beide ... Schulen vermögen indessen kein schlüssiges Erklärungsmodell anzubieten, das der eigentümlichen Mischung von aggressiven und defensiven Elementen in der deutschen Politik gerecht wird. An dem vom Bürgertum und den alten Führungsschichten geteilten ‚Willen zur Weltmacht', der seit den 80er-Jahren immer deutlicher geworden war, kann kein ernsthafter Zweifel herrschen. Aber von der decidierten Absicht, der Spitzengruppe des ... Weltstaatensystems anzugehören, bis hin zur lange vorweg geplanten Kriegsauslösung ist ein weiter Schritt" (Wehler, H.-U.: Das Deutsche Kaiserreich, S. 193).

16 „Niemand kann und will hinter Fischer zurück ... Europa ist nicht in den Ersten Weltkrieg ‚hineingeschlittert', das deutsche Machtkalkül, Risikobereitschaft und Präventivüberlegungen, ja der Anspruch, als Großmacht zu den potentiellen Weltmächten zu gehören, ist für die Entscheidungen von 1914 zentral" (Nipperdey, Thomas, nach: Schulte, B. F., S. 288)

Karl Dietrich Erdmann über die mangelnde Friedensbereitschaft der Großmächte 1914:

Das Problem der Kriegsschuld gewinnt eine tiefere Dimension, wenn man – angenommen, keine der Regierungen habe es auf einen allgemeinen Krieg angelegt – die Frage umgekehrt stellt, ob sie den Frieden gewollt haben. Auch auf diese Frage muss die Antwort für alle Beteiligten Nein lauten. Denn wie deutlich auch bei einigen Staaten der Wunsch und die Bereitschaft sichtbar wurden, den Frieden zu vermitteln, keiner hat es zuwege gebracht, das Entscheidende zu tun, nämlich sich aus den bestehenden Bündnissen und Verpflichtungen herauszureißen und auf die Verfolgung bestimmter politischer Ziele zu verzichten ... Keiner (der verantwortlichen Staatsmänner) wollte eigentlich den Weltkrieg. Alle sahen im Verlauf der Krise früher oder später das Risiko eines allgemeinen Krieges. Einige unternahmen Schritte, die einen mehr oder weniger starken Wunsch nach Vermeidung eines allgemeinen Krieges erkennen lassen: so Wilhelms II. und Bethmanns Versuche, Österreich zurückzuhalten, Greys Vermittlungen, Poincarés Warnung an Russland, Deutschland nicht zu provozieren. Aber niemand wollte den Preis für den Frieden bezahlen. Wenn man den Frieden auch wünschte, so hat ihn doch niemand ernsthaft gewollt.

(Gebhardt: Handbuch der deutschen Geschichte. Hrsg. von Herbert Grundmann. Band 4, Teilband 1: Der Erste Weltkrieg. Die Weimarer Republik. Die Zeit der Weltkriege. Bearb. von Karl Dietrich Erdmann. 9., neubearb. Auflage. Klett-Cotta, Stuttgart 1973)

Synoptische Darstellung der Kriegsschulddiskussion

1. Einseitige Verantwortlichkeit der Regierungen einzelner Staaten:

Deutsches Reich	Österreich-Ungarn	Russland	Frankreich	England
„Griff nach der Weltmacht“ planmäßige Auslösung des Krieges bewusstes Aufgreifen des Attentats von Sarajevo zur Herbeiführung des Weltkrieges massiver Druck auf Österreich, mit aller Härte gegen Serbien vorzugehen	Vorsatz, Serbien zu „bestrafen“ ohne Rücksicht gegenüber der Gefahr, einen europäischen Krieg auszulösen Ausbruch aus der existenzbedrohenden Situation auf dem Balkan Schärfe des Ultimatums	Nachgiebigkeit gegenüber panslawistischen Strömungen und militärischen „Sachzwängen“ Ausdehnungsbedürfnisse auf dem Balkan überstürzte Mobilmachung	massive Unterstützung der russischen Kriegspolitik Weigerung, sich mit dem Status quo in Europa abzufinden („Revanchepolitik“)	„Verschwörung“ mit den beiden anderen Ententemächten zur Ausschaltung des Deutschen Reiches „planmäßige“ Einkreisung Deutschlands Mobilisierung der kontinentalen Flügelmächte gegen die Mitte Europas

2. Gemeinsame Verantwortlichkeit der beteiligten Regierungen:

- mangelnde Bereitschaft, sich für den Frieden einzusetzen
- nationale Prestigepolitik, die die Friedensinitiativen erschwerte, weil diese als Schwäche ausgelegt werden konnten
- weit verbreitete Auffassung, dass man die wirtschaftlichen Probleme, denen sich alle Großmächte konfrontiert sahen, durch Krieg und militärische Eroberungen bewältigen könne
- Nachgeben der Regierungen gegenüber chauvinistischen Bestrebungen und mangelnde Bereitschaft, den Einfluss nationalistischer Verbände, die es überall gab, mit Nachdruck zurückzuweisen

3. Verantwortlichkeit von Strukturen:

- Rückwirkungen der Rivalität der Mächte in Außereuropa auf die europäische Politik
- Netz der Bündnisse und unkontrollierbare Bündnisautomatismen
- Fehlen eines internationalen, staatenübergreifenden Krisenmanagements
- Lehre vom ungebundenen, souveränen Staat
- Bestehen innerpolitischer Spannungen, die nur durch den Krieg kanalisierbar erschienen
- Verdrängung des Primats der Politik durch militärisch-strategische Intentionen

5 Der Verlauf des Krieges (Überblick)

s. Schöllgen, S. 80–85; s. Alter, S. 217–221

Kriegsphasen:

Phase 1: Vom Bewegungskrieg zum Stellungskrieg (1914–1915)

vgl. 5.5.5

Phase 2: Stellungskrieg, Erschöpfungsstrategien und Suche nach Bundesgenossen (1915–1917)

Phase 3: Uneingeschränkter U-Boot-Krieg und Kriegseintritt der USA (1917)

Phase 4: Friedensbemühungen, Entscheidungskampf im Westen, Waffenstillstand (1918)

Postkarte aus dem Jahre 1914

Chronologie der Ereignisse:

(Die wichtigsten Daten sind besonders hervorgehoben.)

1914:

28. Juli: Kriegserklärung Österreich-Ungarns an Serbien

01. August: Kriegserklärung des Deutschen Reiches an Russland
Allgemeine Mobilmachung in Deutschland und Frankreich

03. August: Einmarsch der deutschen Truppen in Belgien; Verletzung der belgischen Neutralität
Kriegserklärung des Deutschen Reiches an Frankreich

04. August: Kriegseintritt Englands

August–September: Kämpfe in Galizien und in den Karpaten

19.–22. August: Besetzung von fast ganz Ostpreußen durch russische Truppen

23. August: Kriegserklärung Japans an Deutschland

26.–30. August: Deutscher Sieg in der Schlacht bei Tannenberg (Umfassungsschlacht; Vernichtung der russischen Narew-Armee)

05. September: Vertrag von London zwischen Großbritannien, Frankreich und Russland: Verzicht auf Sonderfrieden

08.–12. September: Marne-Schlacht; Rückzug der deutschen Truppen bis zur Aisne

06.–15. September: Schlacht an den Masurischen Seen; Rückzug der russischen Njemen-Armee

November: Beginn des Stellungskrieges im Westen
Englische Erklärung: Nordsee Sperrgebiet

07. November: Kapitulation der deutschen Besatzung von Tsingtau vor den Japanern

1915:

Februar–März: Ergebnisloser Vermittlungsversuch des vom US-Präsidenten beauftragten Obersten House in den europäischen Hauptstädten

Februar: Erklärung der deutschen Regierung: Gewässer um Großbritannien Kriegsgebiet; Beginn des uneingeschränkten U-Boot-Krieges

April: Landung der englischen Truppen auf Gallipoli: Beginn des Kampfes um die Dardanellen

07. Mai: Versenkung des britischen Passagierdampfers „Lusitania" durch ein deutsches U-Boot

13. Mai: Beendigung des U-Boot-Krieges nach US-amerikanischen Protesten

23. Mai: Kriegseintritt Italiens auf der Seite der Entente

Mai–Oktober: Nach erfolgreicher Offensive der Mittelmächte an der Ostfront erneuter Übergang zum Stellungskrieg

Juni–Dezember: Erfolglose russische Offensiven (Brussilow-Offensiven)

06. September: Kriegseintritt Bulgariens auf der Seite der Mittelmächte

06.–09. Oktober: Offensive der Mittelmächte auf dem Balkan; Eroberung Belgrads; Besetzung Serbiens durch deutsche, österreichisch-ungarische und bulgarische Truppen

1916:

09. Januar: Räumung von Gallipoli durch Alliierte; erfolgreiche Verteidigung der Dardanellen durch Türkei

Februar: Wiederaufnahme des U-Boot-Krieges

Februar–Juli: Schlacht von Verdun

31. Mai–01. Juni: Seeschlacht am Skagerrak

August: Führungswechsel in der Obersten Heeresleitung (OHL): Ablösung Falkenhayns durch Hindenburg und Ludendorff

Juni–November: Schlacht an der Somme

27. August: Kriegseintritt Rumäniens auf der Seite der Entente

05. November: Proklamation des polnischen Staates durch eine Erklärung des deutschen und des österreichischen Kaisers

06. Dezember: Sieg der Mittelmächte über Rumänien; Besetzung Bukarests

Bildung eines englischen Kriegskabinetts unter Lloyd George mit nahezu diktatorischen Vollmachten (eindeutiger Primat der Politik gegenüber dem Militär)

12. Dezember: Friedensangebot des Deutschen Reiches: Aufforderung an den US-Präsidenten zur Vermittlung; Ablehnung durch die Ententemächte

Kriegspropaganda auf einer deutschen Postkarte aus dem Ersten Weltkrieg

1917:

10. Januar: Gegenforderungen der Entente zum Friedensangebot des Deutschen Reiches (Rückgabe Elsass-Lothringens, Durchsetzung des Nationalitätenprinzips auf dem Balkan, weitgehende Auflösung der Donaumonarchie, Beseitigung der europäischen Türkei)

01. Februar: Wiederaufnahme des uneingeschränkten U-Boot-Krieges trotz des US-amerikanischen Ultimatums

Februar–Mai: Österreichische Friedenssondierungen

11. März: Einnahme von Bagdad durch britische Truppen: kurzfristige Herstellung einer Verbindung zwischen russischen und englischen Truppen
Besetzung ganz Persiens durch England nach Ausbruch der Revolution in Russland und Abzug der russischen Truppen

08.–15. März: Revolution in Russland, Abdankung des Zaren
Fortsetzung des Krieges durch die Provisorische Regierung unter Fürst Lwow

06. April: Kriegserklärung der USA an das Deutsche Reich

07. April: Osterbotschaft Kaiser Wilhelms II.: Reformversprechen (Abschaffung des preußischen Dreiklassenwahlrechts)

27. Juni: Eintritt Griechenlands in den Krieg aufseiten der Entente

30. Juni–11. Juli: Erfolglose Kerenskij-Offensive
14. Juli: Entlassung des deutschen Reichskanzlers Bethmann Hollweg (Nachfolger: Georg Michaelis, ab Oktober 1917: Georg von Hertling)
19. Juli: Friedensresolution des Deutschen Reichstages (SPD, Zentrum, Fortschrittliche Volkspartei)
01. August: Erfolgloser Friedensappell Papst Benedikts XV.
24.–27. Oktober: Durchbruch der Mittelmächte an der italienischen Front bis zur Piave
6.–8. November: „Oktoberrevolution“ in Petersburg; Bildung der bolschewistischen Regierung unter Lenin; Dekret über den Frieden
16. November: Bildung eines französischen Kriegskabinetts unter Clemenceau mit nahezu diktatorischen Vollmachten (Primat der Politik)
15. Dezember: Deutsch-russischer Waffenstillstand

1918:
08. Januar: Wilsons „14 Punkte“
03. März: Frieden von Brest-Litowsk zwischen den Mittelmächten und Sowjetrussland
21. März–6. April: Erfolglose deutsche Offensive im Westen
07. Mai: Frieden von Bukarest zwischen Rumänien und den Mittelmächten
08.–11. August: Schlacht bei Amiens: Durchbruch britischer Tanks („Schwarzer Freitag des deutschen Heeres“)
29. September: Forderung eines sofortigen Waffenstillstandes durch die Oberste Heeresleitung (Ludendorff und Hindenburg)
30. September: Kapitulation Bulgariens
03. Oktober–09. November: Reichskanzler Prinz Max von Baden
30. Oktober: Waffenstillstand zwischen der Türkei und den Alliierten
03. November: Waffenstillstand zwischen Österreich-Ungarn und den Alliierten
Meuterei der Matrosen in Kiel: Beginn der Novemberrevolution in Deutschland
09. November: Ausrufung der Republik in Berlin (Philipp Scheidemann)
11. November: Unterzeichnung des Waffenstillstands in Compiègne zwischen dem Deutschen Reich und den Alliierten

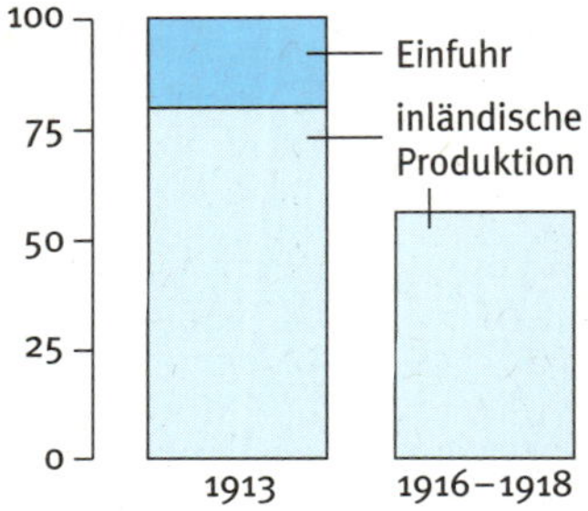

Versorgung der deutschen Bevölkerung im Ersten Weltkrieg mit Nahrungsmitteln (1913 = 100) (nach: Henning, F.-W., S. 37)

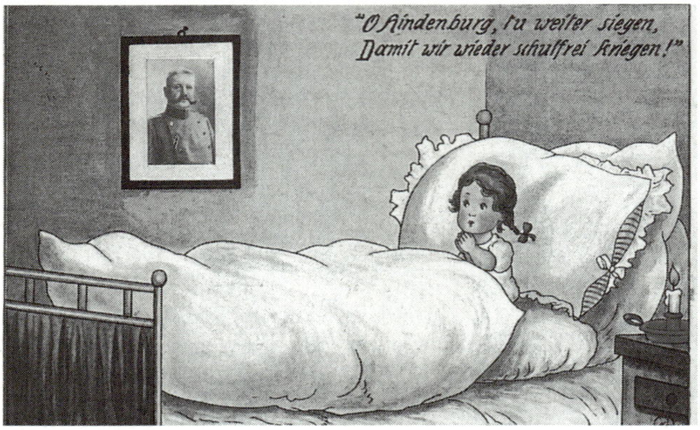

„O Hindenburg, tu weiter siegen,
Damit wir wieder schulfrei kriegen!"

Postkarte aus dem Jahre 1914

5.1 Der Krieg im Westen

s. Alter, S. 219

1 Bereits im September 1914 kam der deutsche Angriff auf Frankreich in der Marneschlacht zum Stocken. „Der rechte Flügel (des deutschen Heeres) hatte bis zu 50 Prozent seiner Stärke eingebüßt, als die Marneschlacht begann" (Graf Kielmansegg, P., S. 47).

Verlauf der Frontlinie (1915): Nieuport (Kanal) – Somme – Soissons – Argonnen – Verdun – Vogesen – Sundgau – Schweizer Grenze

2 Nach dem Rückzug der deutschen Truppen entwickelte sich der Krieg von Flandern bis Verdun zum Stellungskrieg.

3 Das vorrangige Ziel des Schlieffenplanes, Frankreich in kürzester Frist zur Kapitulation zu zwingen, war gescheitert. „Mit dem Beginn des Stellungskrieges ging die Initiative an der Westfront auf die Alliierten über" (ders., S. 91).

Zahl der Gefallenen an der Somme (1916):

Engländer:	*400 000*
Deutsche:	*400 000*
Franzosen:	*200 000*

Geländegewinn der Alliierten: Verschiebung der deutschen Front in einer Tiefe von 12 km(!!)

4 Zu besonders hohen deutschen und französischen Verlusten kam es beim Kampf um die Festung Verdun (Februar bis Juli 1916). In dieser „gewaltigsten Materialschlacht" des Ersten Weltkrieges ging es weniger um die unmittelbare „Eroberung des Eckpfeilers des französischen Festungssystems" als vielmehr um „das Ausbluten des Gegners". Aber „diese grausame Berechnung ging nicht auf: Die Verluste der angreifenden Deutschen… kamen den (Verlusten) auf der französischen Seite fast gleich" (Schieder, Th.: Staatensystem, S. 344).

5 Im Herbst 1916 misslang ein groß angelegter Durchbruchversuch englischer und französischer Truppen an der Somme.

In der „Hölle von Verdun“

Aus dem Feldpostbrief eines deutschen Offiziers

„... Ich kroch mit dem Gefreiten B. aus der Bezonvauxschlucht über den Höhenrücken östlich Douaumont und gelangte in den Totengraben, den einzigen Verbindungsgraben nach vorn, eine 70 cm tiefe, ungefähr alle 10 Meter gänzlich zerschossene Rinne. Das stinkende Gemisch von blutigen Verbandstoffen, Kleiderfetzen, Leichenteilen und Chlorkalk erfüllte uns mit tiefem Ekel. Kaum waren wir in den Totengraben gelangt, da ging es los! Die ganze französische Artillerie begann schlagartig mit ihrem Feuer. Pausenlos sausten die Hammerschläge schwerster Kaliber um uns nieder. Die Hölle von Verdun in höchster Steigerung ... Mit einem Schlage waren alle deutschen Verbindungen von vorn nach hinten unterbrochen. Niemand kam mehr durch ... Was war aus meiner Kompanie geworden? Es war 7 Uhr morgens und keiner kam; um 9.30 Uhr sollte der Angriff beginnen. Um 7.30 Uhr kamen endlich einige Leute meiner Kompanie mit Teilen der Infanterie, die mit uns stürmen sollte. Ich erkannte meine Leute nicht wieder! Ein Unteroffizier, der Besten einer, meldete mir: „Es ist alles tot!“ In seinen Augen flackerte es furchtbar. Das war „Panik“!
Die Verluste waren teilweise so hoch, dass Ersatzmannschaften herangezogen werden mussten. Da geschah etwas Unfassbares! Die schweren Kaliber unserer eigenen Geschütze schossen zu kurz und schossen in die auf engem Raum dicht geballten Menschenmassen hinein. Die Leute schrien wie wahnsinnig auf, es waren keine Soldaten mehr, es waren Menschen in wilder Verzweiflung ...“

(nach: Politik und Unterricht 1/86, Landeszentrale für polititsche Bildung, Stuttgart, S. 15)

5.2 Der Krieg im Osten

1 „Die Ostfront war für Deutschland zunächst Nebenkriegsschauplatz“ (Graf Kielmansegg, P., S. 49).

s. Schöllgen, S. 80f.

2 Russische Armeen drangen im August 1914 weit nach Ostpreußen hinein vor; sie wurden jedoch schließlich von den deutschen Truppen unter den Generälen Ludendorff und Hindenburg bei Tannenberg (August 1914) und an den Masurischen Seen (September 1914) geschlagen und zur Räumung Ostpreußens gezwungen.

*Russische Verluste in der Schlacht bei Tannenberg:
90 000 Kriegsgefangene
50 000 Tote*

3 Die zunächst erfolgreichen deutschen und österreichischen Offensiven im Jahre 1915 führten zur Besetzung weiter Teile Polens, Galiziens und Litauens; aber der Bewegungskrieg erstarrte schließlich auch im Osten zum Stellungskrieg.

4 Mehrere verlustreiche russische Gegenoffensiven (die Brussilow-Offensiven und die Kerenskij-Offensive) führten schließlich zur Demoralisierung des russischen Heeres, das unter erheblichen Versorgungsschwierigkeiten litt. „Eine Versorgung des industriell und rüstungstechnisch unterlegenen Zarenreiches mit Waffen und Munition aus dem Westen konnte ... (wegen der fehlenden Verbindungen) im Unterschied zum Zweiten Weltkrieg nicht stattfinden“ (Schieder, Th.: Staatensystem, S. 337).

Kriegspropaganda auf einer deutschen Postkarte aus dem Ersten Weltkrieg

5 Nach der Oktoberrevolution des Jahres 1917 leitete die neue sowjetische Regierung (Rat der Volkskommissare) unverzüglich Waffenstillstandsverhandlungen ein. Am 3. März 1918 wurde in Brest-Litowsk der Friede

Friedensvertrag von Brest-Litowsk:
(Zusammenfassung)

- Sowjetrussland verzichtet auf seine Hoheitsrechte in Polen, Litauen, Kurland.
- Estland und Livland bleiben vorläufig von deutschen Polizeitruppen besetzt.
- Die Ukraine und Finnland werden von den Sowjets als selbstständige Staaten anerkannt.
- Sowjetrussland soll demobilisieren.
- Reparationen werden von den Mittelmächten nicht gefordert.

(nach: Ploetz. Große illustrierte Weltgeschichte, Band 5, S. 18f.)

Dekret über den Frieden (8./9. November 1917):
... Ein gerechter oder demokratischer Friede, den die überwältigende Mehrheit der durch den Krieg erschöpften, gepeinigten und gemarterten Klassen der Arbeiter und der Werktätigen aller Krieg führenden Länder ersehnt, und den die russischen Arbeiter und Bauern nach dem Sturz der Zarenmonarchie auf das entschiedenste und beharrlichste forderten – ein solcher Friede ist nach der Auffassung der Regierung ein sofortiger Friede ohne Annexionen und ohne Kontributionen... Die Regierung Russlands schlägt allen Krieg führenden Völkern vor, unverzüglich einen solchen Frieden zu schließen.
(nach: Schönbrunn 2, S. 80)

zwischen Russland und den Mittelmächten unterzeichnet. Freilich brachte er für Deutschland nicht die erhoffte Entlastung vom Zweifrontenkrieg, denn „ein politisches und militärisches Sicherheitsproblem in weiten räumlichen Dimensionen (blieb) bestehen, sodass hier noch etwa eine Million Soldaten gebunden blieben“ (Schieder, Th.: Staatensystem, S. 336).

5.3 Der Krieg auf den Meeren

1 Durch die Fernblockade der deutschen Nordseehäfen schnitt die britische Flotte Deutschland von jeglicher Zufuhr aus den Kolonien und anderen überseeischen Gebieten ab. Diese Maßnahme, die den Unterschied zwischen Soldaten und Zivilbevölkerung aufhob, widersprach dem Völkerrecht. Die deutsche Schlachtflotte konnte ihre Aufgabe, die Blockade Deutschlands zu verhindern, nicht erfüllen.

2 „Die Überlegenheit der Entente im Seekrieg, die für die wirtschaftliche Einschnürung Deutschlands von kriegsentscheidender Bedeutung gewesen ist, stand vom Beginn des Krieges bis zu seinem Ende unerschütterlich fest“ (Herzfeld, H.: Weltmächte, S. 143).

s. Schöllgen, S. 83;
s. Alter, S. 220f.

Anteil der importierten Nahrungsmittel am Gesamtverbrauch der deutschen Bevölkerung (1914): 20 %

3 Die einzige große Seeschlacht des Ersten Weltkrieges vor dem Skagerrak (31. Mai–1. Juni 1916) endete unentschieden. Die Blockade der Nordseehäfen konnte auch durch diese Schlacht nicht durchbrochen werden.

4 Deutsche Kreuzer und Hilfskreuzer versuchten, auf den Weltmeeren Handelsschiffe der Alliierten oder neutrale Schiffe, die für England bestimmte Waren transportierten, aufzubringen.

5 Der Versuch, durch U-Boote die Gewässer um England für den Schiffsverkehr unpassierbar zu machen und so England von jeglicher Zufuhr abzuschneiden, wird auf US-amerikanischen Protest hin zweimal abgebrochen. Die

Wiederaufnahme am 1. Februar 1917 hat den Kriegseintritt der USA auf der Seite der Alliierten zur Folge.

5.4 Der Krieg in den deutschen Kolonien

1 In den meisten deutschen Kolonien kapitulierten die zahlenmäßig weit unterlegenen „Schutztruppen" vor der Übermacht der Alliierten.

Kapitulation der deutschen Kolonien:
1914: Togo, Kamerun, Tsingtau sowie alle Südseekolonien
1915: Deutsch-Südwestafrika

2 Bereits 1914 wurde Deutsch-Neuguinea von australischen, die Samoainseln – nach einem auf 30 Minuten befristeten Ultimatum – von neuseeländischen Truppen besetzt; im gleichen Jahr nahmen die Japaner die übrigen deutschen Kolonien in der Südsee ein. „Innerhalb von drei Monaten war die deutsche Flagge vom Stillen Ozean und aus Ostasien verschwunden" (Steltzer, H. G., S. 304).

Kräfteverhältnis in Deutsch-Ostafrika:

155	*Deutsche*
1200	*schwarze Soldaten (Askaris)*
3000	*schwarze Träger*
120 000	*alliierte Truppen*

3 Nur Deutsch-Ostafrika konnte bis zum Kriegsende unter General Lettow-Vorbeck von den deutschen Truppen und schwarzen Hilfssoldaten gehalten werden.

5.5 Der Krieg auf dem Balkan, in Italien und im Osmanischen Reich

1 Da Österreich-Ungarn den Kämpfen auf dem Balkan allein nicht gewachsen war, band dieser Kriegsschauplatz ständig eine bedeutende Anzahl deutscher Soldaten.

2 Im August 1916 trat Rumänien auf der Seite der Entente in den Krieg ein. Es gelang jedoch den Mittelmächten, fast ganz Rumänien zu erobern und sich dessen Ölquellen zu sichern.

3 Insbesondere auf dem Balkan geraten die Generalstäbe der Mittelmächte zunehmend in Konflikt über ihre Strategie und ihre Kriegsziele.

4 Auf dem italienischen Kriegsschauplatz blieb die Lage trotz mehrerer heftiger Schlachten am Isonzo unentschieden: 1917 wurden die italienischen Truppen schließlich bis zur Piave zurückgedrängt.

5 Da England seinem russischen Bundesgenossen Konstantinopel als Siegespreis in Aussicht gestellt hatte, trat die Türkei bereits im November 1914 auf der Seite der Mittelmächte in den Krieg ein.

s. Schöllgen, S. 83

vgl. 3.2

Es gelang ihr, sowohl die Dardanellen als auch ihren asiatischen Besitz (Persien, Armenien und Mesopotamien) bis 1917 gegen die englischen und russischen Vorstöße zu halten.

Isolierung Russlands

6 Eine direkte Verbindung zwischen Russland und den westlichen Ententemächten kam nicht zustande. „Die Sperrung der Meerengen hat wesentlich zu der Katastrophe Russlands beigetragen, die Kriegsteilnahme der Türkei dauernd starke englische Kräfte gebunden" (Herzfeld, H., S. 123).

7 1918 leitete der Zusammenbruch der Türkei die Niederlage der Mittelmächte ein.

5.6 Der uneingeschränkte U-Boot-Krieg und der Kriegseintritt der USA

Bestand an deutschen U-Booten:
1914: 24
1916: 80
1917: 103
1918: 130

1 Die deutsche Marineleitung sah im uneingeschränkten U-Boot-Krieg, in welchem die Gewässer um England zum Sperrgebiet erklärt wurden, eine Chance, die völkerrechtswidrige Fernblockade auszugleichen. Der Unterschied zwischen dem britischen und dem deutschen Vorgehen bestand freilich darin, dass England Schiffe mit Kurs auf Deutschland lediglich zum Rückzug zwang, während die deutschen U-Boote den Auftrag hatten, alle Schiffe, welche sie im Sperrgebiet sichteten, ohne Vorwarnung zu versenken.

Der deutsche Kanzler Bethmann Hollweg zum uneingeschränkten U-Boot-Krieg:
- *„Es bleibt ein Würfelspiel, dessen Einsatz tatsächlich die Existenz Deutschlands ist."*
- *„Es (ist) wie ein nochmaliger Entschluss zum Kriege."*

(nach: Ullrich, Volker, in: GWU 1986, 7, S. 412)

2 „Die (deutsche) Öffentlichkeit klammerte sich nur zu bereitwillig an die Hoffnung, dass Deutschland mit dem U-Boot eine kriegsentscheidende Wunderwaffe besitze, eine Hoffnung, die von den Rechtsparteien, den Wirtschaftsverbänden, den Alldeutschen, aber auch der Marine eifrig genährt wurde" (Graf Kielmansegg, P., S. 133).

3 Im Februar 1915 wurde der uneingeschränkte U-Boot-Krieg zum ersten Mal eröffnet. Nachdem im Mai 1915 das Passagierschiff „Lusitania" mit 1200 Passagieren (darunter etwa 130 Amerikaner) sowie Waren- und Munitionslieferung an Bord von einem deutschen U-Boot versenkt worden war, musste der U-Boot-Krieg – auf den scharfen US-amerikanischen Protest hin – eingestellt werden. Im Februar 1916 wurde der U-Boot-Krieg abermals aufgenommen; der Versenkung der „Sussex" folgte ein Ultimatum des Präsidenten der USA, Woodrow Wilson. Die deutsche Reichsregierung gab auch dieses Mal nach.

Aus der deutschen Erklärung zum uneingeschränkten U-Boot-Krieg (1915).
„Wie England das Gebiet zwischen Schottland und Norwegen als Kriegsschauplatz bezeichnet hat, so bezeichnet Deutschland die Gewässer rings um Großbritannien und Irland... als Kriegsschauplatz und wird mit allen ihm zu Gebote stehenden Kriegsmitteln der feindlichen Schiff-Fahrt daselbst entgegentreten."
(Schönbrunn 2, S. 43)

4 Aufgrund der aussichtslosen Lage an den Kriegsschauplätzen beschlossen Regierung und Oberste Heeresleitung im Januar 1917 abermals, durch den uneingeschränkten U-Boot-Krieg eine Wende zu erzwingen. Die Reaktion der USA erfolgte rasch: Am 6. April erklärten sie – erwartungsgemäß – Deutschland den Krieg.

Der deutsche Historiker Hans Herzfeld über die Motive des US-Präsidenten Woodrow Wilson zum Kriegseintritt

Der Demokrat und Amerikaner Wilson hat mit seiner inneren Sympathie von Anfang an auf die Seite der Ententemächte geneigt und diese Neigung ist auch durch die zeitweise sehr starken Spannungen über die Gefährdung der amerikanischen Neutralität durch die englische Blockade niemals gebrochen worden ... Wilson (hat) England und Deutschland mit zweierlei Maß gemessen. Das ist durch zwei Ideengänge gefördert worden, in denen die für ihn bezeichnende untrennbare Verflechtung von Realismus und Ideenpolitik ganz deutlich wird. Wilson ist stets überzeugt gewesen, dass der Sieg der konservativen monarchischen Mittelmächte eine tödliche Bedrohung der Demokratie und damit der Welt seiner Ideale, aber auch die lebensgefährliche Isolierung der Vereinigten Staaten gegenüber einem unter deutscher Hegemonie stehenden Europa bedeuten würde. Weiter waren die Vereinigten Staaten nicht nur durch Sprache, Kultur, geschichtliche Überlieferung, durch Einfluss der englischen Presse und des englischen Nachrichtenwesens eng mit dem Mutterlande verbunden; die Natur der Dinge verkettete ihre wirtschaftlichen Interessen im Augenblick der Kriegserklärung durch das Verschwinden des deutschen Handels vom Weltmeere unlösbar mit den Interessen der Entente ... Schon der Kriegsausbruch bedeutete für die Vereinigten Staaten die Befreiung von einer drohenden Agrarkrise. Der Verzicht auf den Handel mit der Entente hätte sie im Kriege jederzeit erneut in schwere wirtschaftliche Bedrängnis hineingeführt, die ihr Staatsoberhaupt kaum verantworten konnte. Die Überzeugung, dass eine letzte praktische Gemeinschaft der Interessen wie der Ideen bestehe, und wirtschaftliche Notwendigkeit zugleich haben kaum eine andere Lösung zugelassen als den Weg, den Wilson gegangen ist ...
Trotz dieser Einschränkungen bleibt bestehen, dass Wilsons Neutralitätspolitik durchaus ehrlich und ernst gemeint gewesen ist.

(Herzfeld, H., S. 150)

5 Entgegen der deutschen Auffassung, dass die USA die Entente allenfalls verstärkt mit Kriegsmaterial unterstützen würden (was ohnehin schon geschah), standen bei Kriegsende eine Million amerikanische Soldaten auf der Seite der Entente in Europa.

6 Der amerikanische Kriegseintritt glich für die Alliierten das Ausscheiden Russlands nach der Oktoberrevolution bei weitem aus.

Aufgabe der Isolationspolitik der USA

5.7 Die innere Entwicklung Deutschlands während des Ersten Weltkrieges

1 „In fast allen europäischen Ländern hatte der Kriegsausbruch zunächst einmal zu einem Abbau der Spannungen im Inneren geführt ... Spätestens 1916 ist jedoch in den meisten Ländern ein Wiederaufleben der inneren Spannungen zu registrieren“ (Schöllgen, G., S. 85).

s. Schöllgen, S. 87 f.; s. Alter, S. 231 f.

2 Im August 1914 gelang es der deutschen Regierung, alle Reichstagsfraktionen im so genannten „Burgfrieden“ hinter sich zu scharen. Eine gewaltige nationale Begeisterung fegte alle Bedenken gegenüber den möglichen Risiken des Krieges beiseite; die fragwürdige These vom „Überfall der Entente“ auf das Deutsche Reich verfehlte nicht ihre Wirkung.

1 Million Kriegsfreiwilliger in den ersten Augusttagen

Auszüge aus Reden deutscher Professoren beim Kriegsausbruch

Der schöne Friedensabend und das wilde Gewitter, beide sind nötig zum Leben des Ganzen. Wenn der Gewittersturm nicht käme, wie würde der Acker befruchtet und getränkt, auf dass das Korn der Menschenarbeit die gehoffte Frucht bringe? In beiden offenbart sich die große, gleiche, ewige Heiligkeit des Lebens und des Leben schaffenden Guten...
Herr Gott..., wir bitten nicht für unsere Lieben draußen im Felde, wenn's nötig ist, so sei ihr Leben dahin gegeben, aber für unser Deutschland bitten wir, für seine Rettung, für seine Freiheit, für seinen Sieg. Und du wirst ihn geben, denn du bist die Wahrheit und die Gerechtigkeit, und dein ist die Kraft und die Herrlichkeit! Amen.
(Ulrich von Wilamowitz-Moellendorff)

Seit Menschen auf Erden wohnen, ist Krieg der wesentliche Faktor, der eigentliche Schöpfer der Staatenbildung und in diesem Sinne elementare Erscheinung der Weltgeschichte, ein weltgeschichtliches Naturgesetz... Der Gedanke ewigen Friedens ist ein Irrwahn, nicht ein Ideal, und nicht einmal unbedingt ein kulturelles Ideal... Es war zuletzt wieder eine arme, eine trübselige Zeit im Vaterland. Man ruft sie nicht gern in die Erinnerung zurück. Wo waren wir hingeraten in Hass und Argwohn, Verbitterung und Nörgelei? Schienen wir oft noch Bürger eines Staates?... Da leuchteten Gottes Blitze und erhellten den Abgrund. Da ertönte der Schlachtruf der Feinde und legte uns die Hände ineinander. Wir sahen Wunder und erlebten das Größte. Es kam der 4. August. Der Kaiser kennt keine Partei, nur Deutsche ohne Unterschied von Stand und Konfession... Der 4. August, er wäre würdig, der nationale Festtag der Deutschen zu sein, der Tag der Sammlung aller um das Vaterland.
(Wilhelm Kahl)

(nach: Zentner, Chr., S. 48)

Plakat aus dem Jahre 1917

vgl. 5.5

1917/18: Kriegsrationen
(1914 = 100; Zahlen gerundet):

Fleisch:	*20*
Butter:	*20*
Mehl:	*50*
Kartoffeln:	*95*

3 Die enormen finanziellen Belastungen des Reiches, die Aufnahme von Kriegskrediten, die Inflation und der Übergang zur Lebensmittelrationalisierung und zur Kriegswirtschaft wurden vom Deutschen Reichstag und von der überwältigenden Mehrzahl der deutschen Bevölkerung anstandslos akzeptiert.

4 Der „Schulterschluss“ zwischen Regierung, Reichstagsfraktionen und Bevölkerung am Anfang des Krieges sollte jedoch nicht darüber hinwegtäuschen, dass die Verfassungsfrage eine schwere Belastung für die deutsche Kriegsführung darstellt: „Der Einfluss des Reichstages wuchs, aber seine verfassungsrechtliche Stellung blieb unverändert. Seine Funktion war noch immer rein negativ, an der Verantwortung für die grundlegenden politischen Entscheidungen war er fast unbeteiligt, obwohl immer offenkundiger wurde, dass es unsinnig war, diese Verantwortung noch länger allein einer kaiserlichen Beamtenregierung zu überlassen“ (Graf Kielmansegg, P., S. 145).

5 Die Einheit von Regierung, Parteien, Oberster Heeresleitung und Bevölkerung zerbrach, nachdem die erste Kriegsbegeisterung durch das Steckenbleiben der deutschen Offensive einen Dämpfer erhalten hatte. Der Konflikt entzündete sich insbesondere an der Kriegszieldiskussion und an der Forderung nach einer grundlegenden Reform der Reichsverfassung.

6 Die Lasten des Krieges verschärften diesen inneren Konflikt. „Es war die unvermeidliche Folge der Lage Deutschlands und der Begrenztheit seiner Mittel, dass der… Riesenbau der Kriegswirtschaft… einen harten Druck ausübte, wie dies in keinem der gegnerischen Länder der Fall gewesen ist“ (Herzfeld, H., S. 140).

7 Als sich 1916 im Streit um die Gewährung weiterer Kriegskredite die USPD von der SPD abspaltete, wurde deutlich, dass die Arbeiterschaft nicht mehr geschlossen hinter der Kriegspolitik der Regierung stand.

8 Der deutsche Reichskanzler Bethmann Hollweg versuchte vergeblich, zwischen den weit gesteckten Kriegszielen der Obersten Heeresleitung und der deutschen Rechten einerseits und der auf einen „Verständigungsfrieden“ drängenden bürgerlichen Mitte und den Sozialdemokraten andererseits einen Ausgleich zu finden.

9 Mit großer Mühe gelang es Bethmann Hollweg, den Kaiser wenigstens zur Aufgabe des preußischen Dreiklassenwahlrechts zu bewegen: „Osterbotschaft 1917“ – eine Maßnahme, die auf den heftigsten Widerstand der Obersten Heeresleitung und der konservativen Politiker stieß.

10 Seine Kompromissbereitschaft wurde dem Kanzler zum Verhängnis: Er verlor die Unterstützung der Reichstagsmehrheit (bürgerliche Mittelparteien und SPD) und zog sich heftige Kritik der parlamentarischen Rechten und der an einer massiven Kriegszielagitation interessierten Schwerindustrie zu.

11 Im Juli 1917 drängte die Oberste Heeresleitung, aber auch die Konservativen und die Nationalliberalen sowie Mitglieder der Zentrumsfraktion den Kaiser zur Entlassung Bethmann Hollwegs.

Bedarf an Sachgütern für militärische Zwecke (1914–1918):
etwa 115 Milliarden Mark, das entsprach etwa der Hälfte der gesamten volkswirtschaftlichen Produktion
(nach: Henning, F.-W., S. 33)

SPD spaltet sich in:
- *Unabhängige Sozialdemokratische Partei Deutschlands (USPD)*
- *Mehrheitssozialdemokratische Partei Deutschlands (MSPD)*

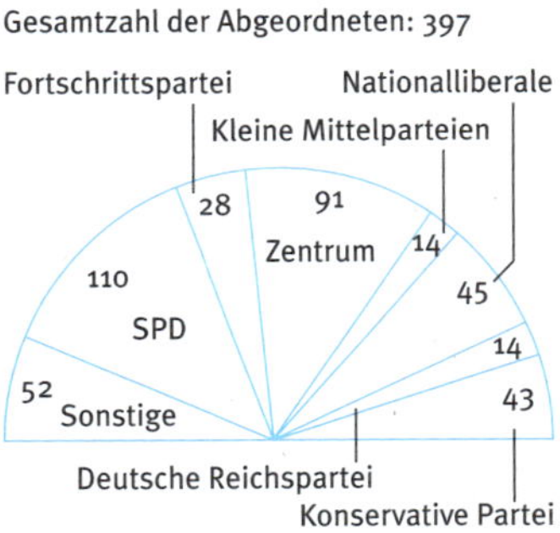

Die Zusammensetzung des ersten Reichstages während des Ersten Weltkrieges

„Im Verein… mit den Vertretern des Großgrundbesitzes… plädierten (die Führer des Zentralverbandes der deutschen Industrie) für die Etablierung einer Militärdiktatur.“
(Stegmann, Dirk, in: Vierteljahrshefte für Zeitgeschichte 1976, 4, S. 373)

Aus dem Durchhalteappell in einer Lokalzeitung

In gewaltigster Spannung verfolgt die ganze Welt den Verlauf der Kämpfe an unserer Westfront. Und klopfenden Herzens vernahmen wir alle die Kunde von dem furchtbaren Sturme unserer heldenmütigen Kämpfer, die durch ein Meer von Feuer und Eisen... die für uneinnehmbar gehaltenen Vorwerke von Verdun überrannten. Schwer zwar lastet auf uns der Gedanke, dass auch hier wieder so mancher brave Gatte, Sohn oder Bruder sein Leben zum Opfer gebracht für des Vaterlandes Rettung, für unser aller Wohl und Existenz.
Sind wir diese Opfer wirklich wert?... Erforschen wir doch einmal recht ernst und gründlich unser Innerstes und gestehen wir es uns selber ehrlich und ohne Rückhalt: Nein, wir haben uns dieser herrlichen Opfer unserer Brüder da draußen noch nicht voll und ganz würdig gezeigt...
Wenn du die deinen liebst und dich der Opfer unserer Helden würdig zeigen willst, dann füge dich willig und freudig der durch die Tücke unserer Feinde uns auferlegten Notwendigkeit, sei sparsam mit dem Verbrauch von Lebensmitteln! Und wenn du die Ehre und das Glück hast, durch Bebauung und Bewirtschaftung unserer mütterlichen Erde dem Vaterlande zu dienen, dann sei eingedenk, welche heiligen Pflichten dir daraus erwachsen und halte mit den Lebensmitteln nicht zurück in der Absicht, hohe Preise zu erzielen, dann verfüttere nicht Brotgetreide, das zur Ernährung all der Millionen von Kindern und schwer Arbeitenden in den Städten unumgänglich notwendig ist! Denke daran, dass auch deren Söhne und Brüder mit den deinen draußen in der Front brüderlich Not und Tod teilen, und dass sie selbst in den Fabriken und Betrieben für den Fortbestand unserer Wirtschaft und für die Beschaffung unserer Wehrmittel ihre ganze Kraft einsetzen und so mithelfen, deinen Boden, deinen Hof, dein Heim und deinen Herd zu schützen. Und wenn du noch in einem verborgenen Winkel deines Kastens Gold versteckt hast, so solltest du eigentlich schamrot werden bei dem Gedanken, dass es deine heiligste Pflicht ist, jetzt mitzuhelfen an der Stärkung unserer finanziellen Wehrkraft... Also heraus damit, bringe die Goldfüchse schleunigst zum nächsten Postschalter und lass sie umtauschen gegen das ebenso gute und ebenso sichere Papiergeld!...
Wir alle aber, Bürger aus Stadt und Land, wir wollen angesichts der mit blutigen Opfern errungenen Siege unserer Truppen von neuem uns vornehmen, freudig und rückhaltlos alles hinzugeben, was man von uns verlangt, wir wollen sparsam und entsagungsvoll Haus halten mit den Lebensmitteln, wir wollen treu und gewissenhaft die notwendig gewordenen amtlichen Vorschriften befolgen, wir wollen starken Herzens und freudigen Mutes alles tragen, was die Vorsehung für uns bestimmt hat! Unseren Feinden aber rufen wir zu: Euer schändlicher Plan soll zuschanden werden, am Heldenmut unserer Truppen, am eisernen Pflichtbewusstsein und der Opferwilligkeit derer in der Heimat. Wir halten durch bis zum siegreichen Ende, bis zum ehrenvollen Frieden!

(Tauber- und Frankenbote vom 9. März 1916; nach: Politik und Unterricht 1/86, Landeszentrale für politische Bildung Stuttgart, S. 28 f.)

12 An seine Stelle traten Kanzler, die sich als gefügige Werkzeuge des Militärs erwiesen; die politische Leitung des Deutschen Reiches ging – trotz der Annahme einer auf „Verständigung" mit der Entente abzielenden Friedensresolution des Reichstages – mehr und mehr in die Hand der Obersten Heeresleitung über; ohne dass die Verfassung ausdrücklich außer Kraft gesetzt worden wäre, bedeutete die Einflussnahme des Militärs auf die politische Führung eine weitgehende Aushöhlung der Verfassung des Deutschen Reiches.

„Diktatur Ludendorffs"

„militärischer Kriegsabsolutismus"

„Das Ziel Hindenburgs und Ludendorffs war es, die Kriegsanstrengungen Deutschlands auf das denkbare Maximum zu steigern." (Mommsen, W. J.: Zeitalter des Imperialismus, S. 326)

13 Nun wurden – mit unterschiedlichem Erfolg – Presse, Unterrichtswesen, Politik und sogar die Kirchen in den Dienst der militärischen Erfordernisse gestellt, die vor allem darauf ausgerichtet waren, die Kriegsbereitschaft in der deutschen Bevölkerung aufrecht zu erhalten.

14 Erst im Oktober 1918 erfolgte mit der Parlamentarisierung der Regierung die längst fällige Reform der deutschen Innenpolitik: Vertreter des Zentrums, der Liberalen und der SPD wurden in die Regierung (unter dem Reichskanzler Prinz Max von Baden) aufgenommen. Die nun festgelegte Verantwortlichkeit des Reichskanzlers und der Reichsminister gegenüber dem Parlament brachte den Übergang vom monarchischen Obrigkeitsstaat zum parlamentarischen Regierungssystem.

15 „Die zögernde ‚Reform von oben' jedoch wird ... durch eine ‚Revolution von unten' historisch eingeholt und politisch überrollt" (Bollmann, Peter u.a.: Kleine Geschichte der Deutschen, Stuttgart 1984, S. 153).

Kaiser Wilhelm II.
Postkarte aus dem Ersten Weltkrieg

Der Historiker Hans Herzfeld über die Politik des deutschen Reichskanzlers Bethmann Hollweg

Die Politik der Diagonalen ..., wie sie Bethmann Hollweg innen- und außenpolitisch mit bestem Willen zu steuern versucht hat, ist an der schweren Aufgabe, die ihr entgegen tretenden konservativen Interessen zu brechen, ebenso gescheitert wie bei dem Versuch, rechtzeitig einen Ausweg aus dem Krieg zu finden. Der Kanzler hat letzten Endes doch nicht gewagt, den Mut und die Energie zu entfalten ..., eine revolutionäre, aber notwendige Änderung der inneren Machtverteilung auf preußischem und deutschem Boden rechtzeitig zu erzwingen ... Bethmann ging von dem an sich begreiflichen Wunsche aus, innere Kämpfe bis zum Ende des Krieges zu vertagen, um den Gewinn des Burgfriedens, den inneren Waffenstillstand, nicht zu gefährden. Dieser Zustand war freilich belastet durch eine hart und nicht einmal gleichmäßig ausgeübte Zensur und einen von den stellvertretenden Generalkommandos des Ersatzheeres nach dem völlig veralteten preußischen Gesetz von 1851 gehandhabten Belagerungszustand ...
Als der Reichstag Anfang Juli (1917) zur Bewilligung neuer Kriegskredite zusammentreten musste, warfen die Konservativen dem Kanzler längst vor, dass am Ende seiner Politik die Republik stehen werde, während Ludendorff Zugeständnisse in Richtung der Demokratisierung und Parlamentarisierung als erbärmliche Schwäche bekämpfte und ihm offen „Kotau vor der russischen Revolution" vorwarf. Es ist in dieser Lage eine letzte große Kraftanstrengung des so oft als schwächlich gescholtenen Bethmann gewesen, dass er noch einmal in letzter Stunde am 8. Juli den Monarchen ... für die Kabinettsorder des 12. Juli gewann, die jetzt endlich dem Staatsministerium die sofortige Bearbeitung einer Vorlage über die Einführung des allgemeinen, gleichen und geheimen Wahlrechts in Preußen aufzwingen sollte ...
In den Besprechungen der Parteiführer mit dem Kronprinzen am 12. Juli stellte es sich heraus, dass Bethmann jetzt von allen Parteien, selbst den passiv gewordenen Sozialdemokraten, mit Ausnahme der Freisinnigen im Stich gelassen wurde, während Hindenburg und Ludendorff abschließend erklärten, mit ihm nicht mehr zusammenarbeiten zu können. Bethmann Hollweg hat mit der Begründung, dass von einer Entlassung Hindenburgs und Ludendorffs keine Rede sein könne, dem nun doch erleichterten Kaiser schon am 13. Juli sein sofort angenommenes Abschiedsgesuch eingereicht und damit den Preis dafür gezahlt, dass er selbst im August 1916 die Dritte OHL (Hindenburg und Ludendorff) in den Sattel gehoben hatte.

(Herzfeld, H.: Der Erste Weltkrieg, München 1968, S. 255–270)

Der Reichkanzler Bethmann Hollweg zwischen den Fronten

– Julikrise 1917 in Deutschland –

Oberste Heeresleitung (OHL) politische Rechte (Vaterlandpartei) / Schwerindustrie	↔	BETHMANN HOLLWEG Reichskanzler	↔	SPD und bürgerliche Mittelparteien (Zentrum, Liberale)
Forderungen nach durchgreifenden Maßnahmen gegen die Sozialdemokratie Forderung nach der Realisierung einer autoritären Führung Forderung nach einem „Siegfrieden“: umfassende annexionistische Zielsetzungen in Europa und in Übersee (Kolonien)	GEGENSATZ	Ziele: Erhaltung der nationalen Geschlossenheit Erhaltung „der Stimmung für den Krieg Erhaltung des „Burgfriedens“ Keine Festlegung auf bestimmte Kriegsziele, sondern Offenhaltung etwaiger Friedensverhandlungen Reform des preußischen Dreiklassenwahlrechts	GEGENSATZ	Verhinderung einer einseitigen Zusammenarbeit zwischen der Regierung und der OHL Vorlage einer Friedensresolution: „Verständigungsfrieden“ ohne Annexionen und Kontributionen Forderung nach Erweiterung der politischen Zuständigkeit des Reichstages

Instrumentalisierung des Ansehens von Hindenburgs zur Mobilisierung des Volkes

Zusammenarbeit mit allen Reichstagsfraktionen

= Lavieren zwischen den Fronten
= Vergebliche Versuche zur Verwirklichung einer Kompromisslösung

13. Juli 1917: Entlassung Bethmann Hollwegs

„In der Julikrise (stießen) zwei Impulse, zwei Angriffsbewegungen aufeinander. Die eine, von den Reichstagsfraktionen der Mitte und der Linken ausgehend, hatte das Ziel, Deutschland aus der Bedrängnis, in der es sich offensichtlich befand, durch eine Wendung der Politik auf Verständigungsfrieden und Reformen hin zu befreien. Die andere, in der OHL, Erzberger (Zentrum) und Stresemann (Nationalliberale) als Hauptakteure in Erscheinung traten, wurde gegen Bethmann Hollweg geführt. Aus der Überlagerung dieser beiden Bewegungen ergab sich das merkwürdige Geschehen eines taktischen Zusammenwirkens von Kräften, die entgegengesetzte Ziele verfolgten. Die OHL, für die die Friedensresolution der Anlass ihres Eingreifens in die Krise war, stand mit Erzberger in einer Front, dem Urheber der Friedensresolution, und Erzberger und das Zentrum, die sich gerade für eine Politik der Friedenssuche und der Reformen entschieden, standen in einer Front mit der OHL, dem eigentlichen Mittelpunkt des Widerstandes gegen eine Politik; selbst die Sozialdemokraten traten der OHL nicht in den Weg.“ (Graf Kielmansegg, P., S. 465)

Ansätze zur Reform der Reichsfassung

Befürwortung

Gewerkschaften und SPD, Mittelparteien, Verfassungsausschuss des Deutschen Reichstages
Forderung: „Systemwandel"

1871:

begrenzte Beteiligung des Reichstages bei der Gesetzgebung und bei der Aufstellung des Haushaltes

April 1917: Osterbotschaft Kaiser Wilhelms II.: Abänderung des preußischen Dreiklassenwahlrechts auf der Grundlage gleicher, unmittelbarer und freier Wahlen

Oktober 1917: Mitglieder der Mittelparteien als Reichskanzler, Vizekanzler und Reichsminister berufen

28. Oktober 1918: Gesetz über Verfassungsänderungen:
- Bildung der Regierung durch eine Parlamentsmehrheit
- Reichskanzler vom Vertrauen des Reichstages abhängig
- parlamentarische Kontrolle der gesamten Politik (einschließlich des Militär- und Kriegswesens)

Widerstände

Konservative Partei, preußisches Staatsministerium, OHL, Kaiser Wilhelm II.
Erklärung der Konservativen Partei (1917): „Das gleiche Wahlrecht entspricht nicht der Eigenart und der historischen Vergangenheit des preußischen Staates. ... Es ist vielmehr geeignet, das feste Gefüge Preußens zu erschüttern und auch diesen Staat der völligen Demokratisierung auszuliefern." (Schönbrunn 2, S. 93)

PARLAMENTARISIERUNG UND DEMOKRATISIERUNG DER VERFASSUNG DES DEUTSCHEN REICHES

5.8 Friedensbemühungen und Waffenstillstand

s. Schöllgen, S. 84;
s. Alter, S. 222

vgl. 4.1

1917 Gründung der „Vaterlandspartei“ (Alfred v. Tirpitz): Forderung eines „Siegfriedens“

1 „Angesichts der riesigen Kluft zwischen den Kriegszielen beider Mächtegruppen – hier Zementierung der Herrschaft der Mittelmächte auf dem europäischen Festland…, dort Zertrümmerung des Deutschen Reiches, weitgehende Aufsplitterung der Donaumonarchie sowie Aufteilung des Osmanischen Reiches und des deutschen Kolonialbesitzes unter die Ententemächte – bestanden von vornherein nur geringe Aussichten auf ein Zustandekommen von Friedensverhandlungen“ (Mommsen, W. J.: Zeitalter des Imperialismus, S. 334).

Präsident Woodrow Wilson

2 Die Ende 1916 vom Deutschen Reich an die USA gerichtete Aufforderung, Friedensverhandlungen zwischen der Entente und den Mittelmächten einzuleiten, wurde von England und Frankreich als Propagandamanöver abgelehnt.

3 Die ersten ernsthaften Vorschläge zur Herbeiführung des Friedens trug der österreichische Kaiser – vor dem deutschen Bundesgenossen geheim gehalten – am Anfang des Jahres 1917 den Alliierten vor. Darin war bereits das Angebot, Elsass-Lothringen an Frankreich zurückzugeben, enthalten.

4 Im Sommer 1917 bot Papst Benedikt XV. seine Vermittlerdienste für Friedensverhandlungen an. Er fand jedoch weder bei der Entente noch bei der deutschen Reichsregierung hinreichende Resonanz; seine Bemühungen scheiterten insbesondere am Schicksal Elsass-Lothringens: Die englische Regierung machte die Rückgabe dieser Gebiete an Frankreich zur Vorbedingung, die deutsche Regierung war zur Herausgabe des „Reichslandes“ Elsass-Lothringen nicht bereit.

Ministerpräsident
Georges Clemenceau

5 In 14 Punkten legte am Anfang des Jahres 1918 der amerikanische Präsident Wilson einen viel beachteten Vorschlag für den Abschluss eines Friedens vor.
Es handelte sich um das „Programm eines demokratischen und gerechten Friedens, dessen welthistorische Tragweite sehr unterschätzt wurde, wenn man in ihm nur einen propagandistischen Schachzug erkennen wollte“ (Herzfeld, H., S. 177).

Wilsons „14 Punkte“ (Zusammenfassung):

Das Programm des Weltfriedens lautet:

1. Öffentliche Friedensverträge. Die Diplomatie soll stets frei sein und sich vor aller Öffentlichkeit abspielen.
2. Absolute Freiheit der Schiff-Fahrt auf der See außerhalb der territorialen Gewässer sowohl im Kriege als auch im Frieden.
3. Aufhebung sämtlicher wirtschaftlicher Schranken, Festsetzung gleichmäßiger Handelsbedingungen zwischen den Nationen.
4. Angemessene Garantien, dass die nationalen Rüstungen auf den niedrigsten Grad herabgesetzt werden.
5. Unparteiische Ordnung aller kolonialen Ansprüche.
6. Räumung des gesamten russischen Gebietes...
7. Wiederherstellung der ungeschmälerten Souveränität Belgiens.
8. Befreiung des französischen Gebietes. Rückgabe Elsass-Lothringens an Frankreich.
9. Berichtigung der Grenzen Italiens entsprechend den Nationalitätenlinien.
10. Freieste Möglichkeit für eine autonome Entwicklung für die Völker Österreich-Ungarns.
11. Räumung Rumäniens, Serbiens, Montenegros...
12. Gesicherte Souveränität für den türkischen Teil des Osmanischen Reiches; absolute und ungestörte Möglichkeit für die übrigen Nationalitäten zur autonomen Entwicklung. Freier Durchgang durch die Dardanellen...
13. Errichtung eines unabhängigen polnischen Staates mit freiem Zugang zum Meer...
14. Installierung eines Völkerbundes zum Zweck der Gewährung gegenseitiger Garantien für politische Unabhängigkeit und territoriale Integrität in gleicher Weise für große und kleine Staaten.

(nach: Vertrags-Ploetz, Teil II, Band 4, Würzburg 1958, S. 23 f.)

6 Die deutsche Oberste Heeresleitung setzte 1918 ihre letzte Hoffnung in verzweifelte Offensiven an der Westfront; als auch diese – nach verhältnismäßig geringen Geländegewinnen – zum Stehen gekommen waren, erkannte man schließlich auch in Deutschland, dass die Fortsetzung des Krieges aussichtslos geworden war.

Anzahl der Streiks in Deutschland (1918): 770
davon politische Streiks: 240
(nach: Henning, F.-W., S. 35; Zahlen gerundet)

7 Der Durchbruch britischer Tanks im August 1918 bei Amiens besiegelte die deutsche Niederlage. Jetzt endlich forderte auch der Generalstabschef von Hindenburg die Regierung auf, unverzüglich Waffenstillstandsverhandlungen mit den Alliierten einzuleiten.

„Schwarzer Freitag“ der Westfront (8. August 1918)

8 Am 9. November 1918 dankte Kaiser Wilhelm II. ab. Der aus den Revolutionswirren entstandenen neuen deutschen Regierung unter Friedrich Ebert (SPD) blieb nur noch die Unterschrift unter die bedingungslose Kapitulation des Deutschen Reiches (11. November 1918).

9 „Die Gesamtlage bei Kriegsausgang im Herbst 1918 ergibt bei sachlicher Abwägung der Kräfte... zweifellos, dass die Tatsache einer militärischen Niederlage Deutschlands nicht zu bestreiten ist...“ (Herzfeld, H., S. 184).

Die Oberste Heeresleitung am 3. Oktober 1918:
„... infolge der Unmöglichkeit, die in den Schlachten der letzten Tage eingetretenen sehr erheblichen Verluste zu ergänzen, besteht nach menschlichem Ermessen keine Aussicht mehr, dem Feinde den Frieden aufzuzwingen... Unter diesen Umständen ist es geboten, den Kampf abzubrechen, um dem deutschen Volke und seinen Verbündeten nutzlose Opfer zu ersparen...“
(Schönbrunn 2, S. 104)

Das Ende der Monarchie in Deutschland

„Am 2. November versammelten sich die Führer der revolutionären Berliner Gruppen, um den Zeitpunkt des Losschlagens festzulegen. Das Ziel des Aufstandes war, den Kaiser zu stürzen. Der Kaiser aber saß in Spa und machte sich Gedanken über seine Zukunft. Selbstmord schied für ihn aus. Offiziere der Hochseeflotte hatten ernsthaft überlegt, ob der Kaiser an Bord eines Schlachtschiffes gehen und bei der geplanten Aufopferungsschlacht mit ihnen gemeinsam den Soldatentod im Kampf gegen die britische Flotte finden sollte. Doch solche Gedanken... drangen nicht bis zum Kaiser. Der war zu einem anderen Entschluss gelangt: Am 8. November befahl er General Groener, dem Nachfolger Ludendorffs, er solle seine Rückkehr nach Berlin an der Spitze des Heeres vorbereiten, zusammen mit einer militärischen Operation gegen die Revolutionäre im Deutschen Reich. Doch dieser Plan ließ sich schon aus Transportgründen nicht ausführen...
General Groener hatte am 9. November einige Frontkommandeure nach Spa befohlen und sie befragt, ob sich ihre Truppen für den Kaiser schlagen würden. Doch nur ein Kommandeur sagte ‚Ja', 23 antworteten ‚Nein', und 15 waren sich der Haltung ihrer Soldaten nicht sicher. Groener sah sich gezwungen, dem Kaiser zu sagen, dass das Heer nicht mehr hinter ihm stehe.
An diesem düsteren Novembertag wurde in Berlin der Generalstreik ausgerufen – auch die Sozialdemokraten schlossen sich ihm an. Die Arbeiter gingen demonstrierend auf die Straßen – und die Soldaten der Berliner Garnison zogen mit und wählten Soldatenräte...
Es kam zu stundenlangen Telefongesprächen zwischen Prinz Max und dem Kaiser. Schließlich erklärte Wilhelm II. unter dem Eindruck der Nachrichten über den Generalstreik in Berlin, dass er als Kaiser abdanken, aber König von Preußen bleiben wolle...
Reichskanzler Prinz Max von Baden erklärte... gegen Mittag des 9. November 1918, dass der Kaiser und König ebenso auf den Thron verzichtet habe wie der Kronprinz... Außerdem übertrug er das Amt des Reichskanzlers auf Friedrich Ebert, den Vorsitzenden der Sozialdemokratischen Partei.
Gegen 14 Uhr rief Scheidemann vor dem Reichstagsgebäude den dort versammelten Demonstranten gegenüber die Republik aus. Zwei Stunden später proklamierte Liebknecht... die sozialistische deutsche Republik."

(aus: Zentner, Chr., S. 394–405)

6 Die Bilanz des Ersten Weltkrieges

Bei der Erstellung einer Bilanz des Ersten Weltkrieges muss man zwischen den unmittelbaren Verlusten und Kosten des Krieges auf der einen und den langfristigen weltpolitischen und weltwirtschaftlichen Auswirkungen auf der anderen Seite unterscheiden.

s. Schöllgen, S. 85

1 Die Gesamtzahl der Kriegstoten betrug annähernd zehn Millionen; die meisten Opfer hatte Deutschland zu beklagen. Hinzu kamen etwa zwanzig Millionen Verwundete, von welchen viele für ihr ganzes Leben invalid blieben.

Kriegstote:

Deutschland:	*1,8 Millionen*
Russland:	*1,7 Millionen*
Frankreich:	*1,4 Millionen*
England:	*0,9 Millionen*

2 In den umkämpften Regionen hatten die militärischen Auseinandersetzungen Zerstörungen von unvorstellbarem Ausmaß hinterlassen. Da der Krieg über Jahre hinweg als Stellungskrieg geführt worden war, verschwanden ganze Dörfer von der Landkarte und wurden weite Gebiete gänzlich entvölkert. Hier sind insbesondere Teile von Frankreich und Belgien, von Ostpreußen, des westlichen Russlands und Polens (Galizien) zu erwähnen.

Das Ausmaß der Zerstörungen in Frankreich:
700 000 Häuser
20 000 Fabriken
50 000 km Straßen und Schienenwege
etwa 3 Millionen Hektar Land
(nach: Schöllgen, G., S. 85)

3 In den wichtigsten Krieg führenden Staaten hatte man die Wirtschaft fast völlig auf die Erfordernisse des Krieges umgestellt und gewaltige Finanzmittel für die Kriegsproduktion aufgebracht; daraus ergaben sich nach dem Krieg erhebliche Umstellungsschwierigkeiten, inflationäre Tendenzen und eine hohe Staatsverschuldung.

Das Haushaltsdefizit betrug 1918
- *im Deutschen Reich 140 Milliarden Goldmark*
- *in Frankreich 144 Milliarden Franc*
- *in Großbritannien 6,8 Milliarden Pfund*

Die Ausgaben des Deutschen Reiches (Haushalt) 1913–1919 (in Milliarden Goldmark, Zahlen gerundet):

1913	4	1917	36
1914	10	1918	35
1915	21	1919	13
1916	23		

(Die Angaben betreffen Haushaltsjahre [1. April–31. März])

„Der Krieg hat Deutschland zu Beginn täglich 36 Millionen Mark gekostet; der Preis ging so in die Höhe, dass am Schluss täglich 146 Millionen Mark aufzubringen waren."

(nach: Henning, Fr.-W., S. 59)

4 Indem die Siegermächte im Artikel 231 des Versailler Vertrags dem Deutschen Reich und seinen Verbündeten die Alleinschuld am Ausbruch des Krieges zuwiesen, begründeten sie gleichzeitig die Verpflichtung des Deutschen Reiches, für alle ihre Kriegskosten und Kriegsfolgelasten aufzukommen (Reparationen). Zusammen mit den eigenen Kriegskosten des Deutschen Reiches trugen die Reparationen wesentlich zur Inflation 1923 und damit zur völligen Entwertung der Sparguthaben und der aufgrund von Kriegsanleihen entstandenen Ansprüche des deutschen Mittelstandes an den Staat bei.

s. Göbel, Walter: Abiturwissen „Die Weimarer Republik", Stuttgart [13]1999, S. 36 ff.

„Die gesamten Kriegsschulden in Höhe von 154 Milliarden Mark hatten im November 1923 lediglich noch einen Wert von 15,4 Pfennigen der Zeit vor 1914(!). Der Erste Weltkrieg war damit zu einem für den Staat billigen Krieg geworden." (Henning, F.-W., S. 69 f.)

5 „Kriegsschuldparagraf", Reparationen und Gebietsabtretungen belasteten die Weimarer Republik schwer. Sie boten den Gegnern der ersten deutschen Demokratie ein wirkungsvolles Propagandainstrument und trugen so zum Aufkommen der NSDAP und zur Aushöhlung des demokratischen Staatswesens bei.

„Verlust der Mitte"

6 „Am Ende des Ersten Weltkrieges hatte sich das alte Europa der fünf Großmächte bis zu Unkenntlichkeit verändert. In ganz Mittel- und Osteuropa waren die überkommenen Herrschaftssysteme zusammengebrochen, und inmitten des zurückgebliebenen politischen und wirtschaftlichen Chaos lieferten sich die demokratischen, die sozialistischen und kommunistischen und die konservati-

„In der bitteren, schweren Erbschaft des Krieges lauerte schon, ungleich furchtbarer, das Verhängnis der nächsten Generation." (Graf Kielmansegg, P., S. 696)

ven Kräfte ein erbittertes Gefecht um die künftige innenpolitische Ordnung der neu entstandenen Nationalstaaten“ (Mommsen, W. J.: Zeitalter des Imperialismus, S. 364).

7 Alle europäischen Staaten bezahlten für ihre Aufwendungen für die Kriegsführung einen hohen wirtschaftlichen Preis: Weil sie während des Krieges ihre Waren- und Kapitalexporte notgedrungen einschränken mussten, konnten die USA und Japan das in Mittel- und Südamerika sowie in Ostasien entstandene Vakuum für den Aufbau eigener Handelsverbindungen und Kapitalmärkte nutzen. In den USA häuften sich während des Krieges etwa die Hälfte der Goldbestände der Welt an; der US-amerikanische Aktivsaldo war während der vier Kriegsjahre so groß wie die Summe der Überschüsse in den letzten 125 Jahren vor dem Krieg zusammen. (Nach: Elze, R./Repgen, K., Studienbuch Geschichte, Stuttgart 1983, S. 711)

8 „Europa (begann)… schrittweise zur relativen Bedeutungslosigkeit herabzusinken, ein Prozess, der dann nach 1945 – mit der endgültigen Dekolonialisierung und mit der Etablierung der USA sowie der Sowjetunion als den neuen hegemonialen Weltmächten – abgeschlossen wurde“ (Schöllgen, G., S. 89).

Anregungen zur Wiederholung und Vertiefung

a) Nennen Sie Ursachen und Anlass für den Ausbruch des Ersten Weltkrieges und untersuchen Sie, inwieweit die imperialistischen Spannungen zum Kriegsausbruch beigetragen haben.
b) Sammeln Sie Argumente für und gegen die These Fritz Fischers, dass das Deutsche Reich die Alleinschuld am Ersten Weltkrieg trage.
c) Erarbeiten Sie das Verhältnis zwischen politischer und militärischer Macht im Deutschen Reich beim Ausbruch und im Verlauf des Ersten Weltkrieges.
d) Beschreiben Sie den Kriegsverlauf unter Berücksichtigung der Phasen des Krieges und der Kriegsschauplätze.
e) Erörtern Sie, weshalb das Deutsche Reich den Krieg trotz der Aussichtslosigkeit, diesen zu gewinnen, nicht früher abgebrochen hat.

f) Erörtern Sie die Bedeutung des US-amerikanischen Kriegseintritts für den weiteren Kriegsverlauf und für die Friedensbemühungen.
g) Nehmen Sie Stellung zu der These, dass die Parlamentarisierung des Deutschen Reiches (Oktoberreformen 1918) durch die Novemberrevolution „überrollt“ worden sei.

6 Imperialismustheorien

s. Schöllgen, S. 103–105; vgl. 1.2

„Typen" von Erklärungsansätzen:
marxistisch – nicht-marxistisch
ökonomisch – etatistisch-politisch
– gesellschaftlich
– nationalistisch
monokausal – multikausal
peripher (endogen) – europäisch orientiert (exogen)

1 Mit dem Begriff „Imperialismustheorien" bezeichnet man die Versuche, durch die Benennung von einzelnen Ursachen oder ganzen Ursachenbündeln das Phänomen „Imperialismus" hinreichend zu erklären.

2 In der neueren Geschichtsschreibung tritt dabei deutlich die Absicht in den Vordergrund, nicht nur die wirtschaftlichen und politischen Antriebskräfte des Imperialismus zu untersuchen, sondern immer stärker auch sozialgeschichtliche, kulturelle und ideologische Motive zu berücksichtigen.

vgl. 6.1

3 Bereits 1902 veröffentlichte der Engländer John A. Hobson einen viel beachteten Erklärungsansatz und eröffnete damit die theoretische Durchdringung der imperialistischen Epoche.

4 Inzwischen gibt es eine Fülle von Deutungen, die sich zum Teil grundsätzlich voneinander unterscheiden. Kaum eine andere Epoche der Weltgeschichte hat eine so lebhafte theoretische Interpretation erfahren wie der Imperialismus.

5 Es fällt auf, dass viele Vertreter von Imperialismustheorien Gegner des Imperialismus (und des Kapitalismus, der dann oft als die eigentliche Voraussetzung beschrieben wird) waren und ihre Erklärungsansätze häufig für die tagespolitische Argumentation und Propaganda instrumentalisiert haben.

6 Die Beschäftigung mit den Imperialismustheorien ist deshalb besonders reizvoll, weil sie grundlegende Einblicke in geschichtswissenschaftliche Erörterung erlaubt und zur eigenen Stellungnahme geradezu herausfordert.

7 Zur Problematisierung und als Einwand gegen solche Theorien wird mit Recht darauf hingewiesen, dass sie durch weit gehende Verallgemeinerungen die Einzelerscheinungen und die singulären Konstellationen in den jeweiligen imperialistischen Staaten sowie in den Kolonien selbst übersehen:

„Einheitliche Motive für alle Staaten, die imperialistische Politik betrieben haben, lassen sich nicht finden… Es lassen sich vielmehr… verschiedene Typen von Imperialismus unterscheiden" (Schieder, Th.: Staatensystem, S. 256).

1 Die ökonomische Imperialismustheorie John A. Hobsons (1902)

s. Schöllgen, S. 12–14

1 Hobson vertritt die Auffassung, dass die ungleiche Verteilung des Sozialproduktes in den Industriestaaten die Kaufkraft der Bevölkerungsmehrheit einschränke (Unterkonsumptionstheorie).

2 Wenn der Binnenmarkt übersättigt ist, suchten die Kapitaleigner neue und profitversprechende Investitionsmöglichkeiten in Übersee („Hauptwurzel des Imperialismus"). Dabei identifiziert Hobson Waffenfabrikanten, Hersteller bestimmter Konsum- und Investitionsgüter, Reeder, Offiziere und karrieresüchtige Kolonialbürokraten als die eigentlichen Urheber und Nutznießer des Imperialismus.

3 Durch ihre massive Einflussnahme auf die Repräsentanten des Staates bewegen die Kapitalisten – nach der Auffassung Hobsons – diese zum Erwerb überseeischer Territorien zum Teil unter Einsatz enormer staatlicher Finanzmittel.

4 Als Beweis für seine Theorie führt Hobson die Tatsache an, dass vor allem das Investitionskapital von den Kolonien profitierte und dass dagegen der volkswirtschaftliche Nutzen der Kolonien verhältnismäßig gering war.

5 Hobson meint, dass der Imperialismus eine ständige Bedrohung des Friedens darstelle, weil er die um kolonialen Besitz rivalisierenden Mächte in schwer wiegende Streitigkeiten miteinander verwickle und zur gewaltsamen Auseinandersetzung mit den Bevölkerungen der Gebiete zwinge, deren Annexion beabsichtigt sei („Hahnenkampf der Nationen").

6 Hobson schlägt vor, die Gesellschafts- und Verteilungsstruktur in den kapitalistischen Industriestaaten zu verändern und den Freihandel wieder herzustellen; dann könnten die Industriestaaten auch ohne den Imperialismus überleben.

„Eine Einkommensverteilung, die keine übermäßige Expansion hervorriefe, würde dauernde Vollbeschäftigung von Kapital und Arbeit im Inland Gewähr leisten" (Hobson, J. A.).
(nach: Ripper, W.: Politik und Theorie des Imperialismus, S. 55)

Zur Problematisierung

Gegen Hobsons Imperialismustheorie können folgende Argumente angeführt werden:

- weitgehende Beschränkung des Interesses an einer imperialistischen Expansion auf das Investitionskapital;
- allzu enge Verknüpfung von Kapitalexport und überseeischen Kolonien;

- Vernachlässigung anderer Motive für die Annexion von Gebieten;
- zu weit gehende Betonung des objektiven Zwanges zur imperialistischen Ausdehnung unter den gegebenen ökonomischen und gesellschaftlichen Verhältnissen.

2 Die politisch-soziologische Imperialismusdeutung Max Webers (1864–1920)

1 Nach Max Weber hat der Imperialismus drei Ursachen:
- Die Konkurrenz zwischen den Großmächten treibt diese dazu, ihre Macht durch die wirkungsvolle Beteiligung an der Aufteilung der Welt zu demonstrieren.
- Die Profite aus dem Besitz und der Ausbeutung von Kolonien vergrößern und stabilisieren die dominierende Stellung der Führungsschichten in der Politik und in der Gesellschaft der imperialistischen Staaten.
- Intelligenz und Mittelstand haben ein reges Interesse an der Ausbreitung der Kräfte der eigenen Nation über möglichst viele Territorien außerhalb des eigenen Staatsgebietes.

„Der imperialistische Kapitalismus… hat im Allgemeinen zu allen Zeiten die weitaus größten Gewinnchancen geboten“ (Weber, M.). (nach: Helbig, L., S. 135)

2 Die mit dem Erwerb und dem Ausbau von Kolonien verbundenen Staatsaufträge bieten gegenüber dem herkömmlichen privaten Güteraustausch und gegenüber der „Politik der offenen Tür“ erheblich größere Verdienstmöglichkeiten.

3 Wenn sich ein Staat nicht an der imperialistischen Politik beteiligt, gerät er leicht in Abhängigkeit von den Staaten, welche aufgrund ihres Kolonialbesitzes über die für die moderne industrielle Wirtschaft erforderlichen Ressourcen verfügen.

3 Die marxistische Imperialismustheorie Lenins (1916)

Wenn an dieser Stelle Lenin als Beispiel für die marxistischen Imperialismustheorien herangezogen wird, so geschieht dies vor allem deshalb, weil Lenins Kampfschrift „Der Imperialismus als höchstes Stadium des Kapitalismus“ einen herausragenden politischen Stellenwert hat; zur vertieften Auseinandersetzung sollte man zusätzlich die Ausführungen

Rosa Luxemburgs und Rudolf Hilferdings sowie die neomarxistische Literatur heranziehen, weil diese in wichtigen Punkten von Lenin abweichen.

1 Der Imperialismus ist – nach der marxistischen Auffassung – ein „unvermeidliches Nebenprodukt des Kapitalismus“ (Mommsen, W. J.: Imperialismustheorien, S. 30).
2 Die aus der kapitalistischen Produktionsweise erwachsenden Krisen zwingen die Kapitaleigner dazu, sich um neue Ausbeutungsobjekte zu bemühen. Weil der tendenzielle Fall der Profitrate im eigenen Land zum Kapitalexport zwingt, gewinnt dieser gegenüber dem Warenexport zunehmend an Bedeutung („parasitärer oder Rentnerkapitalismus“).
3 Gleichzeitig bietet sich der Kapitalistenklasse so die Möglichkeit, einen Teil der Arbeiter im eigenen Lande – auf Kosten der ausgebeuteten Kolonien – zu bestechen und so für den Imperialismus, der nun für den Fortbestand des kapitalistischen Systems unentbehrlich wird, zu gewinnen.
4 Es gelingt dem Kapitalismus, seinen (unvermeidlichen) Untergang vorübergehend hinauszuschieben („Der Imperialismus als höchstes Stadium des Kapitalismus“).
5 „Ebenso wie der Kapitalismus nach marxistischer Auffassung die Arbeiter zur Auflehnung erzog, so wird nun behauptet, dass der Imperialismus die rückständigen Völker zur Auflehnung erzieht. Die rückständigen Völker verwandeln sich in Träger des proletarischen ‚Klassen‘-Bewusstseins; der Klassenkampf selbst verlagert sich auf die internationale Ebene. Nationen werden zu seinen Protagonisten“ (Meyer, Alfred, in: Wehler, H.-U. [Hg.]: Imperialismus, S. 133).
6 Nachdem die monopolkapitalistischen Interessenten die Welt untereinander aufgeteilt haben, kommt es zu einer verschärften Konkurrenz zwischen ihnen und – bei wieder fallender Profitrate – zum Krieg und schließlich zum Zusammenbruch des kapitalistischen Systems als solchem.
7 Durch das Bündnis zwischen den ausgebeuteten und unterdrückten Kolonialbevölkerungen und dem Proletariat in den Industriestaaten wird die sozialistische Weltrevolution beschleunigt.

„Der Imperialismus ist der Kapitalismus auf jener Entwicklungsstufe, wo die Herrschaft der Monopole und des Finanzkapitals sich herausbildet, der Kapitalexport hervorragende Bedeutung gewonnen, die Aufteilung der Welt durch die internationalen Trusts begonnen hat und die Aufteilung des gesamten Territoriums der Erde durch die größten kapitalistischen Länder abgeschlossen ist“ (Lenin).
(Nach: Haak, Ernst/Wunderlich, Hannes: Grundkurs zu „Der Imperialismus als höchstes Stadium des Kapitalismus“, Berlin 1971, S. 15)

„Für den Leninismus (werden) die rückständigen Völker schlechthin zu den ‚underdogs‘ des Imperialismus, die eine neue und bessere Gesellschaft aufbauen werden.“
(Meyer, Alfred., ebd., S. 141)

Zur Problematisierung

Gegen die marxistische Imperialismustheorie kann man folgende Argumente vorbringen:

- unzulässige Verengung der Imperialismusdeutung auf ökonomische Aspekte;
- Vernachlässigung der Tatsache, dass der Mittelstand in den kapitalistischen Staaten fortbesteht;
- Fehleinschätzung des baldigen Zusammenbruchs des Kapitalismus;
- geringe Profitchancen der imperialistischen Politik (Kolonialpolitik als „Verlustgeschäft“);
- Instrumentalisierung der Theorie zum Nachweis der Möglichkeit einer sozialistischen Revolution in der „Halbkolonie“ Russland.

vgl. 7.1–7.4

4 Die soziologisch orientierte Imperialismustheorie (Joseph Schumpeter 1918)

„Imperialismus ist die objektive Disposition eines Staates zu gewaltsamer Expansion ohne angebbare Grenze.“
(Schumpeter, J.: Aufsätze zur Soziologie, Tübingen 1953, S. 74)

1 Schumpeter meint – im Gegensatz zum marxistischen Ansatz –, dass der Imperialismus gerade nicht eine notwendige Begleiterscheinung des Kapitalismus, sondern vielmehr die Folge des Fortbestehens vorkapitalistischer Führungsschichten (Adel, Militär) sei.

2 Die aus früheren Epochen resultierende psychische Disposition dieser vorkapitalistischen Eliten zeigt – nach Schumpeter – als charakteristisches Merkmal den Drang zum Krieg und zur irrationalen („objektlosen“) Expansion und Eroberung.

3 Obwohl diese kriegerischen Einstellungen in der kapitalistischen Gesellschaft, die rational empfinde und deshalb keineswegs imperialistisch sei, eigentlich funktionslos seien, gelinge es den alten Eliten, andere Gruppen für die imperialistische Expansion zu interessieren.

4 Nach dieser Theorie profitiert allenfalls eine sehr kleine Zahl von Monopolkapitalisten aus der Übernahme der militaristischen und imperialistischen Methoden der alten Aristokratie; das dabei angewandte Instrumentarium seien Schutzzölle, aggressive Wirtschaftspolitik und Expansionskriege.

5 Da aber die kapitalistischen Gesellschaften an sich durch eine fortschreitende Rationalisierung gekennzeichnet seien, die insbesondere in der Industriearbeiterschaft eine neue friedliche psychische Disposition hervorbringe („Mentalität der kapitalistischen Lebensform“), stehe der

Imperialismus im Widerspruch zur gegenwärtigen Gesellschaft.

6 Die kapitalistischen Strukturen verfügten zudem über wirkungsvolle Methoden zur Kriegsverhinderung und zur friedlichen Beilegung von Differenzen zwischen den Staaten.

7 Je fortgeschrittener also diese kapitalistischen Strukturen seien, umso weniger lasse sich imperialistische Politik zum Anliegen der modernen Industriegesellschaft machen („Funktionswandel der bisher kriegerischen Energien").

„Was kriegerische Energie war, wäre in einer rein kapitalistischen Welt Arbeitsenergie aller Art." (Schumpeter, J., ebd., S. 123)

„In der Tiefe setzt sich der normale Sinn alles Wirtschaftens in der Regel dennoch durch." (Schumpeter, J., ebd., S. 136)

Zur Problematisierung

Folgende Einwände lassen sich gegen Schumpeters Theorie vorbringen:

- Überbetonung der Wirksamkeit psychischer Dispositionen bestimmter gesellschaftlicher Gruppen unter Vernachlässigung der objektiven ökonomischen Interessenlage dieser Gruppen;
- Vernachlässigung des dem kapitalistischen System inhärenten Strebens nach Absatz- und Rohstoffmärkten sowie nach auswärtigen Anlagemöglichkeiten für das Kapital;
- Verengung der Kapitalismusdefinition auf Freihandel, liberale Gesellschaft und Marktprinzip (Einschätzung des Monopolkapitalismus und des Protektionismus als bloße Abweichung von der reinen Lehre);
- Verdrängung der Tatsache, dass bereits das englische Freihandelssystem deutliche imperialistische Tendenzen aufwies („Frühimperialismus");
- fehlende Unterscheidung zwischen den verschiedenen Voraussetzungen, Zielen und Motiven der imperialistischen Politik in den einzelnen Industriestaaten.

s. Schöllgen, S. 37f.

vgl. 2.2

5 Übersteigerter Nationalismus als Triebfeder des Imperialismus

1 Nicht die „Industriekapitäne" und Politiker, sondern von nationalistischer Begeisterung erfassten breiten Massen nötigten nach dieser Theorie die Regierung der industrialisierten Staaten zu ihrer imperialistischen Politik.

2 Weil die einzelnen Nationen ökonomische Vorteile und ein höheres Selbstwertgefühl erhofften, drängten sie auf die Bahn der Weltpolitik und einer unkontrollierten Expansion.

s. Schöllgen, S. 36 und S. 38f.; vgl. 1.3.4

„Ein überseeisches Kolonialreich erschien den Zeitgenossen als die Bedingung nationaler Größe, nicht so sehr als die Voraussetzung künftiger wirtschaftlicher Prosperität." (Mommsen, W. J.: Zeitalter des Imperialismus, S. 19)

3 Parlamentarisierung und Demokratisierung in Staaten mit fortgeschrittener Industrialisierung ermöglichten es den vom nationalen Überschwang erfassten Massen, ihre hoch gesteckten Ziele politisch umzusetzen.

„Der Imperialismus – das Produkt einer nationalistischen Massenhysterie“ (Fieldhouse, David K., nach: Mommsen, W. J.: Imperialismustheorien, S. 59)

4 Während in früheren Jahrhunderten die Außenpolitik die ausschließliche Domäne der Regierung war, erlangte in den Industriestaaten die öffentliche Meinung seit der Mitte des 19. Jahrhunderts bestimmenden Einfluss auch auf die Gestaltung der Außenpolitik.

Zur Problematisierung

Die Betonung nationaler Leidenschaften kann folgendermaßen kritisiert werden:

- Verengung des Imperialismus auf den Aspekt des extremen Nationalismus;
- Vernachlässigung der Ursachen für den Nationalismus und der Frage nach einer möglichen Manipulation der Massen durch interessierte Gruppen;
- „Eine Interpretation des Imperialismus als einer Form gesteigerten Nationalismus ... schiebt die Grundprobleme gleichsam nur vor sich her, solange die Frage nach den Wurzeln dieses Nationalismus nicht beantwortet ist“ (Mommsen, W. J.: Imperialismustheorien, S. 60).

6 Sozialimperialismus (Hans-Ulrich Wehler 1969 ff.)

s. Schöllgen, S. 129 f.

1 Die sozialimperialistische Theorie sucht den Ursprung des Imperialismus vor allem in den gesellschaftlichen Problemen der Industriestaaten.

„Wegen der oft vorrangigen Motive, die traditionelle Gesellschaftshierarchie durch Expansion zu erhalten, kann man von einem Sozialimperialismus sprechen.“ (Wehler, H.-U.: Imperialismus, S. 260)

2 Die innere Zerrissenheit der kapitalistischen Klassengesellschaft habe so große Spannungen hervorgebracht, dass nur durch greifbare äußere Erfolge der drohende Zusammenbruch des Systems aufgehalten werden konnte.

„Eine Politik der territorialen Machtexpansion zum Zwecke der innenpolitischen Machterhaltung.“ (Löwenthal, Richard, in GWU-Beiheft 1971, S. 53)

3 Durch die manipulative Ablenkung der emanzipationsbewussten Arbeiterschaft von den tatsächlichen inneren Problemen auf eine forcierte äußere Expansion, die sowohl wirtschaftlich als auch politisch eigentlich überflüssig war, sollten eine „gesellschaftliche Ruhelage“ erzielt, die Arbeiter in das bestehende System integriert und so die Gesellschaftsordnung stabilisiert werden.

4 „Unter diesem Gesichtspunkt bezeichnet Wehler den modernen Imperialismus, ungeachtet der dabei zunächst wirksamen ökonomischen Faktoren, in erster Linie als ...

eine Politik der Verteidigung der privilegierten Stellung etablierter Eliten in einer sich unter dem Einfluss der Industrialisierung verändernden Gesellschaft" (Mommsen, W. J.: Imperialismustheorien, S. 80).

Zur Problematisierung

Gegen Wehlers „Sozialimperialismus" können folgende Einwände erhoben werden:

- Verallgemeinerung der Krisensituation in den Industriestaaten;
- Verengung der Ursachenanalyse auf innerstaatliche Prozesse in Europa;
- Vernachlässigung der breiten Zustimmung zur imperialistischen Expansion auch in der Arbeiterklasse;
- Vernachlässigung der Tatsache, dass der Imperialismus trotz weitgehender Bewältigung der „Krisen des kapitalistischen Systems" um die Jahrhundertwende und der erfolgreichen Integration der Arbeiterklasse noch nahezu zwei Jahrzehnte weiter andauerte.
- Kombination „mehrerer, ihrer Natur nach durchaus verschiedener Erklärungsmodelle in einer nicht eindeutigen Weise" (Mommsen, W. J.: Imperialismustheorien, S. 80).

7 Die Theorie vom „Machtungleichgewicht"

1 Die Theorie vom „Machtungleichgewicht" geht davon aus, dass nicht nur ein wirtschaftliches, sondern auch ein politisches und ein Kulturgefälle zwischen Europa und den Völkern der überseeischen Regionen bestanden habe, das eine Sogwirkung hinsichtlich der Übernahme von Herrschafts- und Ordnungsaufgaben auf die überlegenen Staaten ausgeübt habe.

„Dieser Ausbruch überschüssiger Energie war das eigentlich bewegende Element, vor dem die vorzeitlichen, morschen und erstarrten Ordnungen und Herrschaftssysteme der außereuropäischen Welt zerbarsten oder zerfielen."
(Lüthy, Herbert, nach: Mommsen, W. J.: Imperialismustheorien, S. 63)

2 Der durch die modernen Kommunikationsmittel bedingte Zusammenprall zwischen entwickelten und weniger entwickelten Gesellschaften habe schließlich zur Expansion mit dem Ziel der Europäisierung geführt („Erziehungsfunktion des Imperialismus").

3 Ökonomische oder nationalistische Interessen und Beweggründe der Industriestaaten werden unter diesem Aspekt als zweitrangig angesehen.

4 Der Imperialismus war – nach dieser Theorie – folgerichtig und notwendig, weil er die Kolonien aus ihrem endogenen Schwächezustand herausführte und sie von ihrer traditionellen kulturellen und politischen Unselbstständigkeit befreit habe.

Zur Problematisierung

Die Theorie vom „Machtungleichgewicht“ weist folgende Schwächen auf:

- Rechtfertigungsversuch für die imperialistische Politik (Übernahme von Argumentationsmustern der Imperialisten);
- Vernachlässigung der Tatsache, dass in vielen späteren Kolonien eine eigene Kultur und geordnete gesellschaftliche Strukturen bestanden;
- Verdrängung der ökonomischen Ausgangslage der Industrieländer im Zeitalter des Imperialismus.

8 Periphere Herausforderungen als Ursache des Imperialismus

s. Schöllgen, S. 130f.

1 In der neueren Imperialismusforschung wird die Herausforderung des Imperialismus durch die späteren Kolonien selbst stärker gewichtet.

„Die Errichtung formeller Kolonialherrschaft ist in wesentlichem Maße von den Ereignissen in den jeweiligen Regionen und Territorien selbst, und nicht von spezifischen Entwicklungen in den imperialistischen Metropolen bestimmt worden.“ (Mommsen, W. J.: Der europäische Imperialismus, S. 229)

2 Indem in den bisher durch den Freihandel erschlossenen außereuropäischen Ländern die dortigen Eliten die Kooperation mit den Industriestaaten nicht mehr fortsetzen wollten oder konnten, wurden diese zu einer imperialistischen Politik geradezu gezwungen.

3 Die Krisenlage in den unterentwickelten Territorien kann sowohl durch Dispositionen in diesen Gebieten (z. B. instabile Regierungen, Misswirtschaft oder Bürgerkriege) als auch durch die Wirkungen der informellen – vor 1870 üblichen –, „friedlichen“ Durchdringung durch die Industriestaaten hervorgerufen worden sein.

4 Imperialismus ist nach diesem Ansatz eine „Reaktion auf unbefriedigende Verhältnisse an der Peripherie“ (Mommsen, W. J.: Imperialismustheorien, S. 84).

Zur Problematisierung

Die Auffassung, dass der Imperialismus zur Beseitigung interner Krisen und Probleme in den weniger entwickelten Regionen gleichsam notwendig und unumgänglich gewesen sei, kann folgendermaßen kritisiert werden:

- Unterwerfung und Umgestaltung zu Kolonien oder zu abhängigen Schutzgebieten auch bis dahin intakter Länder (z. B. Südafrika, Kongo und Marokko);

- Ausbeutung der annektierten Gebiete durch die jeweilige Kolonialmacht und Errichtung von Monokulturen nach deren ökonomischen Bedürfnissen;
- Erzeugung bzw. Vertiefung von Konflikten durch Spaltung der Gesellschaften in den Kolonien (kollaborierende Eliten gegen verarmte Unterschichten);
- Übernahme der imperialistischen Rechtfertigungspropaganda.

Anregungen zur Wiederholung und Vertiefung

a) Stellen Sie die wesentlichen Merkmale der einzelnen Imperialismustheorien kurz dar und versuchen Sie, deren Stichhaltigkeit zu beurteilen.
b) Vergleichen Sie die marxistische Theorie (Lenin) mit der Theorie vom Sozialimperialismus (Wehler).
c) Erörtern Sie Vor- und Nachteile theoretischer Begründungen für das Verständnis der historischen Epoche des Imperialismus.
d) Ordnen Sie die in diesem Kapitel vorgestellten Imperialismustheorien den in der Vorbemerkung genannten „Typen der Erklärungsansätze" zu.
e) Nehmen Sie zu Wolfgang J. Mommsens These Stellung, dass die ökonomischen Imperialismustheorien, welche den Imperialismus primär auf wirtschaftliche Faktoren zurückführen wollen, für sich allein zur Erklärung der komplexen Phänomene nicht ausreichen (Mommsen, W. J.: Der europäische Imperialismus, S. 56).
f) Erörtern Sie die Auffassung, dass man von „Sozialimperialismus" nur sprechen könne, wenn innerhalb einer Gesellschaft eine echte Alternative für eine neue Ordnung vorhanden sei, durch welche sich die etablierte Klasse bedroht fühle.

7 Der Imperialismus – eine Bilanz

1 Der wirtschaftliche Wert der Kolonien

s. Schöllgen, S. 133–140

vgl. 1.2.1

1 Wenn man die hochgespannten Hoffnungen und Erwartungen der Verfechter einer imperialistischen Expansion in allen am Imperialismus beteiligten Staaten mit der wirtschaftlichen Bedeutung, welche die mehr oder weniger großen Kolonialbereiche für ihre Mutterländer hatten, vergleicht, dann wird deutlich, dass Kolonien in den meisten Fällen keinen wirtschaftlichen Gewinn abwarfen, sondern die Volkswirtschaften eher belasteten.

2 Der Anteil des Handels mit den Kolonien am gesamten Export und Import der imperialistischen Mächte war – selbst für Großbritannien – relativ gering; das erklärte Ziel, in Afrika, Ostasien, in der Südsee und in Mittelamerika große neue Märkte zu erschließen, wurde wegen der Unterentwicklung dieser Länder und infolge der Schwierigkeiten, die sich dem Aufbau von neuen Infrastrukturen in den Weg stellten, nirgends erreicht.

Britische Exporte 1878–1913 (in Millionen Pfund):

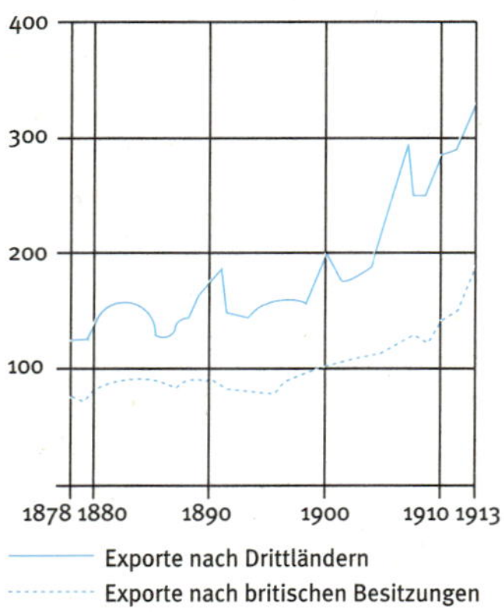

(Mommsen, W. J.: Der europäische Imperialismus, S. 44)

3 Die Statistiken zeigen vielmehr, dass das Handelsvolumen mit Drittländern außerhalb des eigenen Kolonialbesitzes weitaus größer war als der Warenaustausch mit den jeweiligen Kolonien.

So betrug der britische Export in die eigenen Besitzungen 1902 zwar immerhin 40 % des Gesamtexports, der Import aus den Kolonien dagegen nur etwa ein Viertel aller Importe. Für das Deutsche Reich ergibt sich eine weitaus schlechtere Bilanz: Der Anteil des Kolonialhandels betrug 1912 etwa 0,5 %von der Gesamtsumme der deutschen Ein- und Ausfuhren.

4 „Die These, dass die Kolonien der britischen Wirtschaft die Möglichkeit zum Ausweichen geboten hätten, sobald sich im Mutterland oder in dritten Ländern wirtschaftliche Schwierigkeiten ergaben, lässt sich… nur beschränkt aufrecht erhalten“ (Mommsen, W. J., in: Historische Zeitschrift 1968, S. 656).

Anteil der Investitionen in den eigenen Kolonien an den gesamten ausländischen Kapitalinvestitionen (1914):

Frankreich:	*9 %*
Deutsches Reich:	*2,1 %*

5 Auch die Kapitalexporte in die Kolonien und die Renditen der dort getätigten Investitionen erreichten nirgends einen Umfang, der in einem positiven Verhältnis zu den enormen finanziellen Aufwendungen für den Erwerb, den Ausbau und die Verteidigung des Kolonialbesitzes stand.

6 „Der Besitz der Kolonien war, aufs Ganze gesehen, ein Luxus, und noch dazu ein teurer; aber die Frage nach der Rentabilität interessierte weder Regierung noch Öffentlichkeit. Er war ein Produkt der Prestigesucht und wie immer in solchen Fällen zutiefst irrational" (Ziebura, Gilbert, in: Schöllgen, G., S. 136).

vgl. 6.3

7 Die Tatsache, dass der wirtschaftliche Wert der Kolonien relativ niedrig war, offenbart die Fragwürdigkeit der ökonomischen und der marxistischen Imperialismustheorien, in welchen die Notwendigkeit der Kolonialreiche und der rücksichtslosen Ausbeutung der Kolonien für das Überleben des Kapitalismus behauptet wird. Ökonomische Faktoren bilden nur einen Teil des Ursachenbündels, das die industrialistischen Länder seit 1870 auf die Bahn der imperialistischen Ausbreitung trieb.

„Der formelle Imperialismus (hat sich) selten rentiert... Für gewisse Leute jedoch hat sich der Imperialismus stets bezahlt gemacht: für energische Händler, unternehmende (korrupte?) Beamte, Hersteller billiger, farbenprächtiger Waren." (Landes, David S., in: Wehler, H.-U.: Imperialismus, S. 73)

8 Selbst das von der imperialistischen Propaganda häufig angeführte Argument, dass Auswanderungswillige in den Kolonien neuen Lebensraum finden könnten, wird durch die Tatsachen widerlegt: 1914 lebten in den deutschen Kolonien insgesamt etwa 29 000 Weiße; da sich darunter auch Angehörige anderer Nationen befanden, lag die Zahl der Deutschen noch niedriger. „Die Kolonien waren also offenbar weder attraktiv genug, um für eine größere Zahl von Deutschen einen Anreiz zu bieten, dort zu siedeln, anstatt in klassische Auswanderungsländer wie die USA und Australien zu emigrieren, noch rechtfertigten sie die Behauptung, die Deutschen (als Nation) hätten sich nunmehr weltweit festgesetzt und könnten daher den Anspruch erheben, eine Weltmacht zu sein" (Görtemaker, M., S. 298).

Zahl der Weißen in ausgewählten deutschen Kolonien 1913 (Zahlen gerundet):

Togo:	*350*
Deutsch-Südwestafrika:	*11 850*
Karolinen und Marianen:	*350*
Kiautschou:	*4500*

(nach: Görtemaker, M., S. 298)

Der Kapitalexport Großbritanniens in Million US-Dollar 1914 (Zahlen gerundet):

nach Europa	1050
nach USA und Kanada	7050
nach Mittel- und Südamerika	3400
nach Australien	1700
nach Indien	1850
nach Britisch-Afrika	1800
nach sonstigen Ländern	4150
zusammen etwa	20 000

Anteil des Kapitalexports nach englischen Kolonien und Dominions:	42,5 %
ohne Australien und Kanada	20 %

(nach: Schieder, Th.: Staatensystem, S. 434)

2 Der Wert der deutschen Kolonien

Die wichtigsten Exportgüter in die deutschen Schutzgebiete waren Waffen und Branntwein.

vgl. 4.2.3

1 „Der geringe Gewinn, den einige Handelsgesellschaften und Reedereien gemacht hatten, stand im Rahmen einer volkswirtschaftlichen Gesamtrechnung bis 1914 in keinem Verhältnis zu den Abermillionen von Kosten, die die Verwaltung und die Niederschlagung von Aufständen … dem Reich verursacht hatten" (Wehler, H.-U.: Bismarck, S. 411).

2 Dem Deutschen Reich flossen aus den Kolonien keine Steuereinnahmen zu, sondern allenfalls Import- und Exportabgaben. Diese lagen bei weitem unter den Aufwendungen für die Kolonialverwaltung und für den Schutz der Kolonien.

3 Allein die militärische Niederschlagung der großen Aufstände der Hereros und der Hottentotten in Deutsch-Südwestafrika (1904/05) belastete den Haushalt des Deutschen Reiches mit etwa 400 Millionen Mark – ein Betrag, welcher alle Einnahmen und Gewinne aus dem gesamten Kolonialbesitz in dieser Zeit bei weitem überschritt.

In einer Rede im Deutschen Reichstag stellte der Zentrumsabgeordnete Matthias Erzberger 1906 fest: „Der einzelne Soldat in Südwest (insgesamt 14 500 Mann) kommt uns auf 10 000 Mark im Jahr zu stehen! … 300 Hottentotten stehen noch im Felde; um sie zu bekämpfen, müssen wir im Jahre 90–100 Millionen ausgeben, mit anderen Worten: jeder fechtende Hottentotte verursacht dem Reiche im Jahr 300 000 Mark Ausgaben!" (nach: Helbig, L., S. 94)

s. Schöllgen, S. 125

4 „Zusammenfassend ist demnach festzustellen, dass die geopolitische Struktur des deutschen Kolonialbesitzes sehr ungünstig war, dass sein wirtschaftlicher Wert für das große Ganze unerheblich blieb und die deutsche Überbevölkerung durch ihn in keiner Weise aufgelockert werden konnte" (Schramm, Percy S., nach: Handbuch des Geschichtsunterrichts, Band V, Frankfurt 1965, S. 106).

Der Außenhandel der deutschen Schutzgebiete 1892–1912
(in Millionen Mark; Zahlen gerundet):

	Einfuhr	Ausfuhr		Einfuhr	Ausfuhr
1901	52	25	1907	144	74
1902	69	31	1908	161	94
1903	77	40	1909	173	124
1904	91	45	1910	199	161
1905	141	53	1911	257	178
1906	204	65	1912	264	200

Zum Vergleich: Deutscher Außenhandel mit Drittländern 1912
Einfuhr: 10 639
Ausfuhr: 8 900

(nach: Steltzer, H. G., S. 282)

Investitionen des Deutschen Reiches 1914
(Zahlen gerundet):

		Millionen Mark	%
in	USA und Kanada	3,5	15,5
	Russland	2,0	7,5
	Europa	9,0	38,0
	Lateinamerika	4,0	16,0
	Afrika und Asien (ohne deutsche Kolonien)	2,5	11,0
	Osmanisches Reich	2,0	7,5
	Sonstige Länder	0,5	2,0
	Deutsche Kolonien	0,5	2,0

(nach: Grütter, Werner Brandt, Hartwig: Der Imperialismus, Paderborn 1982, S. 20)

3 Politische Auswirkungen des Imperialismus

1 Der Imperialismus war eine Konsequenz der Rivalitäten zwischen den Industriestaaten und führte seinerseits zu einer gewaltigen Eskalation dieser Rivalitäten. Der Versuch, die europäischen Spannungen durch das Ventil des Imperialismus abzuschwächen, wurde schließlich zur Ursache für das Entstehen neuer und schwerwiegenderer Gegensätze zwischen den europäischen Staaten. *vgl. 1.2.5*

2 Der „Wettlauf" um die Aufteilung der noch nicht verteilten Territorien der Erde, das erklärte Ziel, durch Kolonialbesitz autark zu werden, und der Drang nach dem Erwerb bzw. der Verteidigung der Weltmachtstellung mündeten in nationalistische Selbstüberschätzung und förderten die Bereitschaft zur Durchsetzung der Expansionsziele mit militärischen Mitteln. Imperialistische Poli- *vgl. 3.1* *vgl. 5.1 und 5.4*

„Immer mehr Mächte (konzentrierten sich) auf immer weniger Gebiete. Damit aber wuchs die Gefahr von Konflikten, die sich nicht selten bis an den Eskalationspunkt einer militärischen Auseinandersetzung steigerten.“ (Schöllgen, G., S. 43)

s. Schöllgen, S. 62–67
vgl. 4.2.4 und 4.2.5

tik hatte einen wesentlichen Anteil am Ausbruch des Ersten Weltkrieges.

3 Insbesondere die verspätete deutsche Kolonialpolitik führte von ihren Anfängen an zu ständigen Reibereien und Streitigkeiten mit den um die jeweiligen Territorien rivalisierenden Engländern, Franzosen, Japanern und Amerikanern.

4 Indem in allen imperialistischen Ländern Kolonialvereine und andere nationale Verbände die Vorteile der überseeischen Expansion in leuchtenden Farben propagandistisch überhöhten, erlangten sie einen verhängnisvollen Einfluss auf die politischen Entscheidungen. Die Bedenken einzelner Parlamentsfraktionen und Abgeordneter wurden rigoros bekämpft.

vgl. 1.3.3 und 1.3.4

Der Hamburger Unternehmer und Reichtstagsabgeordnete Adolph Woermann zum Branntweinexport in die deutschen Kolonien (1885): „Wer steht uns näher, die vielen Tausend Deutsche, die dadurch ihr Brot verdienen, oder die an sich geringe Zahl von Negern, die etwa durch den Branntwein zugrunde gehen können?“ (nach: Wehler, H.-U.: Bismarck, S. 327)

5 Beim Versuch, die Aneignung fremder Territorien zu rechtfertigen, scheuten die Ideologen des Imperialismus nicht davor zurück, die Überlegenheit der weißen Rasse gegenüber den nichtweißen Bewohnern anderer Erdteile zu behaupten und imperialistische Politik als eine sittliche Aufgabe darzustellen. Die Folge waren rücksichtsloses und häufig Menschen verachtendes Vorgehen gegen die angeblich minderwertigen Rassen. So forderte der Deutsche Kolonialbund im Jahre 1903, „dass jeder Farbige einen Weißen als höheres Wesen zu betrachten habe… In nichts unterschieden sich die rassischen Vorurteile… der Kolonisten anderer Kolonialmächte, einschließlich der Vereinigten Staaten“ (Steltzer, H. G., S. 131 und 133).

vgl. 4.2.3 und 6.7

6 Aus diesem Überlegenheitsdünkel leiteten die imperialistischen Mächte das Recht ab, in ihren Kolonien tief greifende Veränderungen der ökonomischen Strukturen einzuleiten, die Bewohner der annektierten Gebiete zu den verschiedensten Arbeitsdiensten heranzuziehen und die Länder wirtschaftlich auszubeuten. Manche bis heute fortwirkende Infrastrukturmängel, Monokulturen und Abhängigkeiten von den Industriestaaten werden mit Recht auf die Eingriffe während der Kolonialzeit zurückgeführt.

7 „Kein Zweifel, die Kolonialherren waren an einer Industrialisierung nicht interessiert, die Kolonien stellten einen Komplementärraum der Metropolen dar, dessen wirtschaftliche Entwicklung funktional auf die Interessen der Metropolen ausgerichtet wurde und keine Konkurrenzkapazitäten entwickeln sollte“ (v. Albertini, R., S. 401).

Anregungen zur Wiederholung und Vertiefung

a) Vergleichen Sie den wirtschaftlichen Wert der Kolonien für die imperialistischen Mächte mit den Kosten, welche der Erwerb und die Behauptung der Kolonialreiche verursacht haben.
b) Begründen Sie das besonders auffallende Missverhältnis von Aufwand und Ertrag bei den deutschen Kolonien.
c) Erörtern Sie die in Kapitel 6 dargestellten Imperialismustheorien auf dem Hintergrund des wirtschaftlichen Wertes und der politischen Auswirkungen der imperialistischen Politik.
d) Beurteilen Sie das Vorgehen der imperialistischen Staaten gegenüber ihrem jeweiligen Kolonialreich unter dem Gesichtspunkt der ökonomischen Zweckmäßigkeit und unter dem Gesichtspunkt der politischen Moral.
e) Erörtern Sie die These, dass der Imperialismus eine wesentliche Ursache der Unterentwicklung in den Ländern der Dritten Welt gewesen sei.

Freihandelsprinzip

Forderung nach einem durch Zölle und andere Beschränkungen ungestörten Handel zwischen den Staaten. Das Freihandelsprinzip ist ein wesentliches Element des Wirtschaftsliberalismus (freie Konkurrenz für Anbieter und Nachfrager) und richtet sich gegen jegliche Form von Protektionismus und Merkantilismus. Es kann daher geradezu als „antiimperialistisch“ bezeichnet werden (Schöllgen, G., S. 37 f.). Im Zeitalter des Imperialismus wurde das Freihandelsprinzip durch das Autarkiestreben der Industriestaaten durchbrochen, andere Mächte wurden vom Handel mit den Kolonien und auch den aufgrund eines informellen Imperialismus abhängigen Territorien weit gehend ausgeschlossen und die imperialistischen Staaten versuchten, sich die vermeintlich für ihr eigenes wirtschaftliches Wohlergehen notwendigen Rohstoff- und Absatzmärkte zu sichern. George Lichtheim und andere sehen in der Herausforderung des englischen Freihandelsprinzips, das auf einem weltweiten britischen Handelsmonopol beruhte, durch die neu entstandenen Industriestaaten (insbesondere das Deutsche Reich, die USA und Japan) die eigentliche Ursache für den Imperialismus. (vgl. 1.2.4, 1.2.5 und 4.2.1)

Frühimperialismus

Bezeichnung für die Epoche zwischen 1815 und 1870. Frühimperialismus bedeutet die eher informelle Einflussnahme auf überseeische Gebiete. Ein wichtiges Merkmal des Frühimperialismus war der Erwerb von Stützpunkten und Kolonien durch private Gesellschaften in einer Zeit, in der in den Industriegesellschaften noch starke Vorbehalte gegen die staatliche Expansionspolitik und die mit politischen und finanziellen Risiken behaftet Aneignung überseeischer Territorien vorherrschten. Frühimperialismus und → Freihandelsprinzip mussten sich nicht gegenseitig ausschließen, da ihnen kein Konzept einer von den Staaten getragenen Annexionspolitik zugrunde lag.

Ideologie

Die Geschichtswissenschaft verwendet den Begriff „Ideologie“ im Hinblick auf die Epoche des Imperialismus für diejenigen auf allgemeine und ausschließliche Gültigkeit angelegten Lehren und Theorien, durch welche in den imperialistischen Staaten die Annexion von Gebieten außerhalb der eigenen Grenzen gerechtfertigt wurde. Ideologien sind nach Karl Marx von den jeweils herrschenden sozialen Klassen bestimmte Wertvorstellungen und Denkweisen, welche durch die Strukturen der sozioökonomischen Basis determiniert werden („Das gesellschaftliche Sein bestimmt das Bewusstsein.“) Andere verstehen unter Ideologie den bewussten Einsatz von „falschem Wissen“ zur Manipulation und Mobilisierung der Massen, um Ziele zu realisieren, welche von den gesellschaftlichen Eliten angestrebt werden. Die am meisten verbreitete Ideologie im Zeitalter des Imperialismus war der → Sozialdarwinismus.

Imperialismus

Bildung eines Reiches durch die Annexion von Territorien, die außerhalb der eigenen Staatsgrenzen liegen. Man unterscheidet zwischen dem → informellen und dem formellen Imperialismus. Imperialistische Politik setzt eine politische, technische und/oder militärische Überlegenheit voraus. In der Geschichtswissenschaft bezeichnet man mit dem Begriff Imperialismus die Epoche zwischen 1870 und 1914, in welcher mehrere europäische Staaten sowie die USA und Japan in einen regelrechten „Wettlauf" um die noch unverteilten Territorien weiter Teile der Erde eintraten. Wesentliche Anstöße für den Imperialismus bildeten die wirtschaftlichen, politischen und sozialen Probleme (→ Sozialimperialismus) in den modernen Industriestaaten sowie ein lebhafter Nationalismus, der weite Teile der Bevölkerungen in diesen Staaten seit der Mitte des 19. Jahrhunderts erfasst hatte. Die imperialistische Expansion wurde vielfach durch pseudowissenschaftliche Theorien (→ Sozialdarwinismus) und durch Sendungsideologien legitimiert. Das Bestreben der imperialistischen Mächte, das jeweilige Kolonialreich gegenüber anderen Einflüssen abzusperren und möglichst zu erweitern, war eine der Ursachen für den Ersten Weltkrieg. Unterschiedliche Deutungen des Imperialismus und die häufig polemische Verwendung des Begriffes machen es erforderlich, dass jeweils eine Vorverständigung über die gemeinte Bedeutung stattfindet.

Informeller Imperialismus

Mehr oder weniger lockere Beherrschung eines Territoriums durch eine imperialistische Macht. Der Grad der Abhängigkeit und das Instrumentarium zur Durchsetzung der Herrschaft unterschieden sich dabei von Staat zu Staat. In der Regel kennzeichnete die enge wirtschaftliche Anbindung – ohne direkte Unterwerfung – eines Territoriums an einen überlegenen Staat den informellen Imperialismus. Dabei lag die Absicht der Industriestaaten zugrunde, durch Zoll- und Handelsvereinbarungen ihren Rohstoffbedarf zu decken und konkurrenzfreie Absatzmärkte zu erwerben. Daneben führte auch die Einrichtung von Militärstützpunkten zu informeller Abhängigkeit überseeischer Gebiete. Als Partner für diese Politik boten sich häufig die einheimischen Eliten und Oligarchien der unterentwickelten Territorien an. Informelle Herrschaft konnte unter gegebenen Rahmenbedingungen in formellen Imperialismus übergeführt werden. Während im → Frühimperialismus eher informelle Abhängigkeiten vorherrschten, war die Zeit zwischen 1870 und 1914 – infolge der Rivalitäten der imperialistischen Mächte – durch die Einrichtung formeller Herrschaft bestimmt.

„Neuer Kurs"

Bezeichnung für die wilhelminische Innen- und Außenpolitik seit 1890. Nach der Entlassung Bismarcks ging Wilhelm II. zu einem autokratischen Regime („persönliches Regiment") über, indem er spürbaren und – nicht selten – verhängnisvollen Einfluss auf die Politik des Deutschen Reiches nahm. Das Ziel des „Neuen Kurses" war die Erringung und Sicherung der deutschen Weltmachtstellung („Platz an der Sonne") durch die Schaffung eines Kolonialreiches, den Bau der deutschen Schlachtflotte und die Erhöhung der militärischen Schlagkraft. Die Politik des „Neuen Kurses" trug wesentlich zur Entfremdung zwischen Großbritannien und dem Deutschen Reich und der daraus resultierenden englischen Ententepolitik bei. Indem sich die deutsche Außenpolitik in dieser Zeit immer mehr von den Grundlagen der bismarckschen Bündnispolitik entfernte und auch vor Provokationen gegenüber England und Frankreich nicht zurückschreckte (Krüger-Telegramm, Telegraf-Affäre, Marokkokrisen), trug der „Neue Kurs" eine wesentliche Schuld am Ausbruch des Ersten Weltkrieges.

Panslawismus

Gemeinsamkeit aller Angehörigen der verschiedenen slawischen Sprachen. Seine politische Stoßkraft erhielt der Panslawismus durch den Versuch, die slawischen Völker – unter Führung Russlands – zu einem Reich zusammenzuschließen. Den Ausgangspunkt bildeten dabei die nationalen Befreiungsbewegungen slawischer Völker gegenüber der Herrschaft des Osmanischen Reiches. In der Ideologie des Panslawismus verbanden sich russische Expansionsabsichten („Konstantinopel muss unser werden!") und nationale Traditionen mit antiwestlichen Strömungen; sie war gekennzeichnet durch den Glauben an die Höherwertigkeit der slawischen gegenüber den anderen Völkern. Die panslawistische Politik erfuhr ihren Höhepunkt im Sieg Russlands über die Türkei (1877). (vgl. 3.2)

Politik der „offenen Tür"

Gegenseitige Übereinkunft der imperialistischen Mächte, bestimmte Territorien nicht zu annektieren, sondern deren Rohstoff- und Absatzmärkte gemeinsam zu nützen. Dieses Vorgehen lag dort nahe, wo mehrere Staaten wirtschaftliche Interessen verfolgten und keiner von ihnen seinen eigenen Anspruch uneingeschränkt durchsetzen konnte. Die Politik der „offenen Tür" gewährte in der Regel den einheimischen Regierungen der betroffenen Länder eine relative Selbstständigkeit und Unabhängigkeit. Eine Politik der „offenen Tür" forderten beispielsweise die USA in China (vgl. 3.1.4) und das Deutsche Reich in Marokko (vgl. 3.7).

Sozialdarwinismus

Übertragung des so genannten Darwinismus auf das Verhalten menschlicher Gesellschaften. Der englische Biologe Charles Darwin (1809–1882) hatte die Lehre aufgestellt, dass in der Natur eine „Auslese" im „Kampf um das Dasein" die Entwicklung und Durchsetzung der Arten bestimme (Selektions- und Evolutionstheorie). Indem in der zweiten Hälfte des 19. Jahrhunderts der Darwinismus zur ideologischen Rechtfertigung der Unterwerfung farbiger Völker durch die weiße Rasse herangezogen wurde, entstand der Sozialdarwinismus. Er ging von der rassischen Ungleichheit der Menschen aus und stellte ein wichtiges Element in der Mobilisierung der Bevölkerungen der imperialistischen Staaten dar, legitimierte die Annexion außereuropäischer Gebiete und versuchte, Stimmen, die sich gegen die Ausbeutung und Gewaltanwendung erhoben, zum Schweigen zu bringen. (vgl. 1.3.5)

Sozialimperialismus

Erklärungsversuch für die Ursachen und Methoden imperialistischer Politik. Der Sozialimperialismus behauptet, dass es im Wesentlichen innere Ursachen gewesen seien, welche in der zweiten Hälfte des 19. Jahrhunderts zur Expansion der Industriestaaten über die unverteilten Territorien der Erde geführt haben: um die emanzipatorischen Bestrebungen des Mittelstandes und der Arbeiterklasse durch neue Aufgaben und greifbare außenpolitische Erfolge zu kanalisieren, sind – nach dieser Theorie – die in ihrer inneren Stabilität erheblich gefährdeten Staaten zur imperialistischen Politik übergegangen. Die Vertreter des sozialimperialistischen Erklärungsversuches – insbesondere Hans-Ulrich Wehler – sind der Meinung, dass ökonomische und machtpolitische Zielsetzungen neben dieser nach innen gerichteten Absicht für den Imperialismus eher zweitrangig gewesen seien. Imperialismus war demzufolge eine Politik zur Manipulation und Integration der Gesellschaft im Zeichen der durch die Industrialisierung erfolgten sozialen Veränderungen. (vgl. 1.2.3 und 6.1.6)

Literaturauswahl

Fachwissenschaft

Albertini, Rudolf von: Europäische Kolonialherrschaft 1880–1940, Zürich 1976
Bade, Klaus (Hg.): Imperialismus und Kolonialmission. Kaiserliches Deutschland und koloniales Imperium, Wiesbaden 1983
Barth, Boris: Die deutsche Hochfinanz und die Imperialismen, Stuttgart 1995
Baumgart, Winfried: Der Imperialismus. Idee und Wirklichkeit der englischen und französischen Kolonialexpansion 1880–1914, Wiesbaden 1975
ders.: Deutschland im Zeitalter des Imperialismus (1890–1914). Grundkräfte, Themen und Strukturen, Frankfurt/M. 1986
Berghahn, Volker: Sarajewo, 28. Juni 1914. Der Untergang des alten Europa, München 1997
Bückendorf, Jutta: „Schwarz-weiß-rot über Ostafrika!". Deutsche Kolonialpläne und afrikanische Realität, Münster 1998
Caron, François: Frankreich im Zeitalter des Imperialismus 1851–1918, Stuttgart 1991
Christmann, Helmut: Kolonialgeschichte, München 1975
Deininger, Helga: Frankreich – Russland – Deutschland 1871–1891, München 1983
Dülffer, Jost u. a.: Vermiedene Kriege. Deeskalation von Konflikten der Großmächte 1856–1914, München 1997
Epkenhaus, Michael: Die wilhelminische Flottenrüstung, München 1991
Fesser, Gerd: Der Traum vom Platz an der Sonne. Deutsche „Weltpolitik" 1897–1914, Bonn 1996
Fischer, Fritz: Griff nach der Weltmacht. Die Kriegszielpolitik des kaiserlichen Deutschland 1914–1918, Düsseldorf 1994
ders.: Die deutsche Politik 1911–1914, Düsseldorf 1987
Fröhlich, Michael: Imperialismus. Deutsche Kolonial- und Weltpolitik 1880–1914, München 1994
Geiss, Imanuel: Das Deutsche Reich und der Erste Weltkrieg, München 1985
Geyer, Dietrich: Der russische Imperialismus, Göttingen 1977
Görtemaker, Manfred: Deutschland im 19. Jahrhundert. Opladen 1986
Gründer, Horst: Geschichte der deutschen Kolonien, Paderborn 1985
Henning, Friedrich-Wilhelm: Das industrialisierte Deutschland 1914–1972, Paderborn 1974
Herzfeld, Hans: Weltmächte und Weltkriege 1890–1945 (= Moderne Welt 1789–1945, Teil 2), Braunschweig 1960
Hildebrandt, Klaus: Deutsche Außenpolitik 1871–1918, München 1989
Hillgruber, Andreas: Deutsche Großmacht- und Weltpolitik im 19. und 20. Jahrhundert, Freiburg 1977
Hobsbawm, Eric J.: Das imperiale Zeitalter, Frankfurt/M. – New York 1989
Kielmansegg, Peter Graf: Deutschland und der Erste Weltkrieg, Stuttgart 1980
Kruse, Wolfgang (Hg.): Eine Welt von Feinden. Der Große Krieg 1914–1918, Frankfurt/M. 1997
Lichtheim, George: Imperialismus, München 1972
Michalka, Wolfgang (Hg.): Der Erste Weltkrieg, München/Zürich 1994
Mommsen, Wolfgang J.: Das Zeitalter des Imperialismus, Frankfurt/M. 1969
ders.: Imperialismustheorien, Göttingen 1977
ders. (Hg.): Der moderne Imperialismus, Stuttgart 1971
ders.: Der europäische Imperialismus, Göttingen 1979

Osterhammel, Jürgen: Kolonialismus. Geschichte – Formen – Folgen, München 1995
Reinhard, Wolfgang: Kleine Geschichte des Kolonialismus, Stuttgart 1996
Said, Edward W.: Kultur und Imperialismus, Frankfurt/M. 1994
Schieder, Theodor: Staatensystem als Vormacht der Welt 1848–1918, Frankfurt 1982
Schöllgen, Gregor: Das Zeitalter des Imperialismus, München [3]1994
Schröder, Hans-Christoph: Sozialistische Imperialismusdeutung, Göttingen 1973
Schulte, Bernd F.: Europäische Krise und Erster Weltkrieg, Frankfurt/M. 1983
Steltzer, Hans Georg: Die Deutschen und ihr Kolonialreich, Frankfurt/M. 1984
Stürmer, Michael (Hg.): Das Kaiserliche Deutschland. Politik und Gesellschaft 1870–1918, Düsseldorf 1970
Tuchmann, Barbara: August 1914, Frankfurt/M. 1996
Ullrich, Volker: Die nervöse Großmacht 1871 –1918. Aufstieg und Untergang des deutschen Kaiserreichs, Frankfurt/M. 1997
Wehler, Hans-Ulrich (Hg.): Imperialismus, Köln 1972
ders.: Bismarck und der Imperialismus, Köln 1972 *(im Text: Bismarck)*
ders.: Das Deutsche Kaiserreich 1871–1918, Göttingen 1983
Zentner, Christian: Illustrierte Geschichte des Ersten Weltkriegs, München 1982

Quellensammlungen

Alter, Peter: Der Imperialismus. Grundlagen, Probleme, Theorien, Stuttgart 1979
Berghahn, Volker R./Deist, Wilhelm: Rüstung im Zeichen der wilhelminischen Weltpolitik. Grundlegende Dokumente 1890–1914, Düsseldorf 1988
Brückmann, Asmut: Die europäische Expansion. Kolonialismus und Imperialismus 1492–1918, Stuttgart 1993
Geiss, Imanuel (Hg.): Juli 1914. Die europäische Krise und der Ausbruch des Ersten Weltkriegs, München 1980
Gründer, Horst (Hg.): „... da und dort ein junges Deutschland gründen". Rassismus, Kolonialismus und kolonialer Gedanke vom 16. bis zum 20. Jahrhundert, München 1999
Grütter, Werner u. a.: Der Imperialismus von 1870–1914, Paderborn 1982
Helbig, Ludwig: Imperialismus – das deutsche Beispiel, Frankfurt/M. 1976
Hölzle, Erwin (Hg.): Quellen zur Entstehung des Ersten Weltkrieges, Darmstadt 1995
Knoch, Peter (Hg.): Menschen im Krieg 1914 –1918. Bilder- und Lesebuch, Ludwigsburg 1987
Meyer, Hermann/Langenbeck, Wilhelm: Vom Zeitalter der Aufklärung bis zur Gegenwart, Frankfurt/M. 1966 (= Grundzüge der Geschichte. Historisch-politisches Quellenbuch. Band 2)
Ripper, Werner: Politik und Theorie des Imperialismus, Frankfurt/M. 1977
Schönbrunn, Günter: Das bürgerliche Zeitalter, München 1980 *(im Text: Schönbrunn 1)*
ders.: Weltkriege und Revolutionen, München 1980 *(im Text: Schönbrunn 2)*
Stürmer, Michael u. a.: Das Deutsche Kaiserreich und die europäischen Großmächte im Zeitalter des Imperialismus, München 1986
Zimmermann, Ludwig: Der Imperialismus, Stuttgart 1967